Wolfgang Pehnt / Wolfgang Bachmann

CALLWEY

HÄUSER DES JAHRES

**HÄUSER
DES
JAHRES**

Deutsches Architekturmuseum
InformationsZentrum Beton
Baumeister
Welt am Sonntag
Callwey Verlag

Wolfgang Pehnt / Wolfgang Bachmann

HÄUSER DES JAHRES

Die besten Einfamilienhäuser 2012

CALLWEY

INHALT

INHALT

Über dieses Buch

Die Jury

Wenn ein Wettbewerb das zweite Mal stattfindet, gibt es Gelegenheit zum Vergleich. Die Variablen sind allerdings unvorhersehbar, nicht nur die Qualität der Einreichungen – 223 waren es dieses Mal –, auch die Zusammensetzung der Jury und der Verlauf ihrer Diskussion bestimmt den späteren Inhalt der Publikation. Man kann sagen: Es ist dieses Jahr ein völlig anderes Buch geworden als 2011. Das Thema Einfamilienhaus wird unter neuen Vorzeichen präsentiert, mit Lösungen, die die populäre Bauaufgabe ein Stück weiter fassen.

Das vorliegende Buch dokumentiert die Arbeit des Preisträgers, einen Sonderpreis, vier Auszeichnungen sowie vier Anerkennungen und 40 weitere beste Beispiele aus der Konkurrenz „Häuser des Jahres – Die besten Einfamilienhäuser", darunter Bauten von Daniele Marques, 2b architectes, Otto und Katrin Brugger, LP3 Architekten, Denzer & Poensgen, e2a eckert eckert architekten.

Alle Häuser werden ausführlich in Bild und Text vorgestellt: Professionelle Innen- und Außenaufnahmen veranschaulichen eindrucksvoll jedes Objekt, die Originalpläne der Architekten sowie Gebäudedaten und Projektbeschreibungen liefern wissenswerte Hintergrundinformationen zum Verständnis des Projekts.

Die Grundrisse und Schnitte sind bis auf wenige Ausnahmen im Maßstab 1 : 200 wiedergegeben. Das heißt: 1 Zentimeter im Plan entspricht 2 Metern in der Wirklichkeit. Um die Einbindung des Gebäudes in das städtebauliche Umfeld sowie seine Orientierung und Situation auf dem Grundstück zu zeigen, ist jeweils ein nicht maßstäblicher, genordeter Lageplan abgebildet. Das beschriebene Haus ist dort farblich markiert und hervorgehoben.

Die Gebäudedaten, soweit einheitlich zu ermitteln, fassen die wichtigsten Informationen übersichtlich zusammen: Sie geben Auskunft über Grundstücksgröße, Wohn- und Nutzfläche, Anzahl der Bewohner,

Bauweise, Baukosten, Energiekennwerte sowie das Baujahr. Alle Kostenangaben verstehen sich, soweit nicht anders angegeben, im Sinne der DIN 276 als sogenannte reine Baukosten inklusive der jeweiligen Mehrwertsteuer. Nicht enthalten sind die Grundstücks-, Erschließungs-, Bauneben- und Finanzierungskosten sowie das Architektenhonorar. Bei einigen Projekten werden die Baukosten auf Wunsch der Bauherren nicht veröffentlicht.

Die Jury: Wieder zögerte die Jury nicht, ganz unten zu beginnen und sich im Schneetreiben vom Keller aufwärts durch die eingereichten Projekte zu arbeiten. Von links nach rechts:
Armando Ruinelli (Architekt), Prof. Max Dudler (Architekt), Peter Cachola Schmal (Direktor DAM), Thomas Kaczmarek (InformationsZentrum Beton), Prof. Dr. Wolfgang Pehnt (Architekturkritiker) und Dr.-Ing. Wolfgang Bachmann (Herausgeber *Baumeister*)

Wolfgang Pehnt

Gebaute Vielfalt

Unmaßgebliche Anmerkungen eines Jury-Mitglieds

Irgendwann habe ich mir die Augen gerieben und mich gefragt: Wo stecken sie denn eigentlich, alle diese wunderbar geräumigen, weit verglasten, der Natur geöffneten, komfortablen Villen? Ihre Wohnflächen reichen bis an die 400 Quadratmeter, die Grundstücke an das Vier- oder Fünffache davon. Wohnräume, Terrassen und Gärten gleiten geschmeidig ineinander über. Außen und möglichst auch innen glänzen eingefärbter Beton oder schön gefugter Backstein. Wohnzeitschriften und Bücher wie dieses führen sie uns baulustfördernd vor. Doch in den Vorstädten, durch die ich komme, finde ich immer nur Normalware: leicht vergilbter zitronengelber Putz oder selbstgeklebte Riemchenklinker; Lochfenster in Kunststoffrahmen; darüber gaubenbesetzte Sattel-, Walm- oder Krüppelwalmdächer. Dekorativer Ehrgeiz tobt sich an den Haustüren aus Schmiedeeisen oder Aluminium oder den entsprechenden Gartentörchen aus. Alles sieht irgendwie nach Großburgwedel aus, falls der Leser sich noch an das oft abgebildete Domizil jenes Bundespräsidenten erinnert, der sich gern mit dem Gartenschlauch in der Hand konterfeien ließ.

Sofern Qualität sich nicht in den bundesdeutschen Großburgwedels versteckt und von ihrer banalen Nachbarschaft zugedeckt wird, scheint sie sich überwiegend in entfernten und unzugänglichen Peripherien aufzuhalten, an nord- oder ostdeutschen Seen oder alpenländischen Steilufern, zu denen man nur im geländegängigen Landrover mit Allradantrieb gelangt. Ein Bauherr in unserer Auswahl konnte sein Haus aus dem eigenen Steinbruch aufmauern, ein anderer es mit dem im eigenen Wald geschlagenen Holz beplanken. Es sind Geschichten wie aus dem Märchen von König Drosselbart, dem auch alles gehörte, wonach seine Begleiterin fragte. Mehrfach grenzen die Terrains an Landschaftsschutzgebiete. Ich wusste gar nicht, dass es so viele davon gibt.

Früher, in den Zeiten von Hermann Muthesius, dem Fürsprecher des englischen Hauses, unterschied man zwischen Landhaus und Villa. Das Landhaus stand im freien Gelände, wenn nicht seinem Namen entsprechend auf dem Lande, so doch in einem durchgrünten Vorort. Die Villa war im Weichbild der Städte zu finden. Das Landhaus war bequem, hielt Bodenkontakt, entwickelte sich vorzugsweise horizontal. Die Villa war kompakt, mehrgeschossig, gehorchte Konventionen, bot Fassaden zur Straße, repräsentierte. Der Bauhistoriker Julius Posener hat es auf eine plausible Formel gebracht: „Das Landhaus ist etwas, die Villa stellt etwas vor."

Wohnhäuser, die heute Publizität ernten, gehören eher zum Typus Landhaus. Aber **vorstellen** wollen sie auch etwas. Anmutung ist ein Begriff, der nicht nur für öffentliche Repräsentationsbauten gilt, sondern inzwischen für viele Bauaufgaben ein gängiger Fachausdruck der Architekturästhetik geworden ist. Auch dort, wohin das große Publikum den Weg nicht findet, weil nicht jeder über einen Landrover verfügt, möchte der Bauherr Atmosphären erzeugen, die außer seiner Familie auch die kleine Öffentlichkeit seines Freundeskreises erreichen. Distinktionsbedürfnisse waren immer ein Antriebsaggregat des gehobenen Lifestyles, gleichgültig, wie sie befriedigt wurden. Coolness oder High Emotion, beides geht.

Denn manchmal ist auch die spektakuläre, so noch nie gesehene Ausdrucksform gefragt. Sie wird von den digitalen Entwurfstechniken heute leichter möglich gemacht als in Epochen, in denen Ausdruck noch von Handwerkern hergestellt wurde, in Jugendstil oder Expressionismus. Der optische Abnutzungseffekt gegenwärtiger Sensationsarchitektur sollte freilich nicht unterschätzt werden. Zeitgenössische Produkte wollten die Menschen „anplaudern", indem sie über ihre Herkunft und ihre ehrenwerten Absichten unterrichteten, war kürzlich in einer Tageszeitung zu lesen. Aber das Produkt Architektur ist auf Dauer angelegt als alles, was in Mode oder Produktdesign

Haus B, Berlin
Architekt: Petra und Karl Kahlfeldt

unsere Aufmerksamkeit erregen möchte und auf kurze Zyklen physischer und ästhetischer Haltbarkeit setzt. Ein paar Jahrzehnte sollten es im Bauen schon sein. Da liegt einem angesichts der Plauderhaftigkeit allzu beredter Objekte auf der Zunge: Haltet endlich mal die Klappe!

In der zeitgenössischen Architektur sind viele Handschriften möglich. Das verwundert wenig in einer Gesellschaft der pluralistischen Lebensentwürfe. Warum sollte es mit den Gehäusen, in denen sie sich aufhält, anders sein? Beim privaten Hausbau muss kein Architekt im Unklaren bleiben über die Wünsche und Vorlieben seiner Nutzer und kann sie vorsichtig zu steuern versuchen. Er hat seine Kundschaft vor sich. Er kann den Dialog mit ihr führen, sie ist keine gesichtslose Institution. Einzig bei diesem Genre des Bauens ist Mitbestimmung keine Schwierigkeit. Hier muss man sie nicht durch gesetzliche Regelungen oder in komplizierten Verfahren einfordern. Gespräche mit den Auftraggebern genügen, sofern sie wissen, was sie wollen, und sich artikulieren können. Das ist ein weiteres Privileg bei dieser ohnehin privilegierten Bauaufgabe. Der Architekt muss sich ja nicht gleich mehrere Wochen bei seinen Bauherren einquartieren, um ihre Lebensrituale zu studieren, wie es der große Einfamilienhaus-Bauer Richard Neutra am liebsten getan hätte.

Im gehobenen Hausbau drücken sich daher mehr als bei anderen Bauaufgaben unterschiedliche Vorlieben und gelebte Vielfalt aus. Es gibt die asketischen Geometrien, die Würfel und Türme, in die Fenster und Terrassen wie mit dem Schnitzmesser eingekerbt sind.

Es gibt die rustikalen, lattenverkleideten Holzrahmenkonstruktionen, die ländliches Idyll spielen. Manche Bauten übernehmen Konventionen der Nachbarschaft, um sie subtil zu unterlaufen. Einige wagen das große Espressivo, indem sie mit der organoiden Freiform oder der schrägen Deformation spielen, scheinbar enorme Lasten auf zarte Stützen und große Glasflächen absetzen und die bewohnbare Skulptur riskieren.

Andere Baumeister haben, den retrospektiven Wünschen ihrer Bauherrschaft folgend, sich zu traditionellen Vorbildern zurückgetastet. **Reenacting**, die möglichst originalgetreue Wiederverkörperung, ist ein beliebtes Freizeitspiel unserer Tage, nicht nur bei großstädtischen Indianer- und Wikinger-Stämmen. Die Reenactors des Bauens kultivieren den klassischen Formenvorrat, ordnen die Räume hierarchisch, lieben die strikte Symmetrie in Grund- und Aufriss und beherrschen den klassischen Apparat von Pfeiler und Säule, Gesims und Attika, Loggia und Atrium (S. 10). „Um 1800, Architektur und Handwerk im letzten Jahrhundert ihrer traditionellen Entwicklung", hieß ein berühmtes Buch von Paul Mebes, das bald nach 1900 erschien. Der Autor wollte den Klassizismus der Schinkel-, Klenze- und Weinbrenner-Zeit für die eigene Neuzeit fruchtbar machen. „Um 1800" zeigt die stilistische Zeituhr offenbar immer mal wieder an, auch „um 2012".

Prager Höfe, Bonn-Auerberg
Architekt: Uwe Schröder

Eine bestimmte Alternative scheint derzeit bei kultivierten Bauherren und Architekten größere Gefolgschaft zu gewinnen. Das sind Bauten, die von Immobilienmaklern gern mit dem Etikett „Bauhausstil" belegt werden. Wie eine Gruppe weißer Schwäne gleiten diese Schöpfungen unangefochten über die Untiefen umgebender Gewöhnlichkeit. Weiß gestrichene Putzflächen geben die Grund- oder besser Nichtfarbe ab. Andere Nichtfarben wie Anthrazit oder Schwarz sind zugelassen, „richtige" Farben dürfen nur Akzente setzen. Rechter Winkel und horizontale Baumassengruppierung herrschen vor. Öffnungen sind präzise geschnitten, Einbaumöbel wandbündig gehalten, Türen – wo vorhanden – raumhoch, Details akkurat formuliert, Glasflächen gern über Eck geführt. Ob Walter Gropius und seine Bauhäusler, die den Begriff eines Stils stets weit von sich wiesen, die Formel vom Bauhausstil gebilligt hätten, bezweifle ich. Längst nicht alles, was jetzt als Bauhaus firmiert, stammte von Weimarer oder Dessauer Reißbrettern, sondern von Zeitgenossen, die einst bei Theodor Fischer, Robert Vorhoelzer, Hans Poelzig, Hermann Billing oder Peter Behrens in die Schule gegangen waren.

In der klassischen Moderne und ihren Vorstufen war das große Einfamilienhaus ein Versuchsort für erweiterte Wohnvorstellungen. Das Experiment bot die moralische Rechtfertigung für luxuriöse Raumprogramme. Hier wurde erprobt, was dann, reduziert, in den Standard des dienstbotenlosen Massenwohnungsbaus eingehen sollte. „Licht, Luft, Öffnung" stand viele Male auf einer Broschüre, die einer der Sprecher des Neuen Bauens, Sigfried Giedion, 1929 unter dem Titel „Befreites Wohnen" herausgab. Freier Grundriss, ungehinderter Zutritt von frischer Luft und Sonne, fließender Übergang vom beschützten Innenraum zur offenen Natur (oder wenigstens zu deren Stellvertretern in Gestalt von Kurzschnittrasen und Swimmingpool), großflächige Verglasung, manchmal auch in Form versenkbarer Fensterwände wie schon bei Mies van der Rohe oder Erich Mendelsohn, alle diese Experimente sind längst veranstaltet. Ihre Ergebnisse werden

angewendet, in welchem Idiom auch immer. Sie sind denkbar im Satteldachhaus unter naturroten Biberschwanzziegeln, das Mimikry mit der vulgären Nachbarschaft treibt, und genauso in der schwungvoll terrassierten Komposition aus weißen Stockwerksbändern.

So sind es keineswegs mehr revolutionäre Veränderungen, die das anspruchsvolle Wohnhaus unabhängig von seiner Erscheinungsweise verarbeitet. Niemand wird mehr eine Verkammerung der Grundrisse befürworten, wie sie sparsame Mittel und die Förderungsbestimmungen für den sozialen Wohnungsbau produziert hatten. Wohnen und Speisen, Kochen und Essen, Arbeit und Vergnügen müssen keine getrennten Tätigkeiten mehr sein, die spezialisierte Räumlichkeiten verlangten. Die Gästerunde um einen freigestellten Küchenblock zu arrangieren, gilt heute als besonders kommunikativ. Jeder kann mitreden und mitkochen. Schon lange wird in vielen Häusern der Kamin als Mittelpunkt von Wohnlandschaft und Geselligkeit genutzt. Frank Lloyd Wright, der immer die Feuerstelle als gemeinschaftsbildendes Zentrum des Hauses gefordert hatte, müsste sich am Ziel sehen. Moderne Aborigines versammeln sich um brennende Holzscheite wie Ureinwohner ums Lagerfeuer.

Auch auf das, was einst ein verschämter Nebenraum mit Waschbecken, Dusche und Bidet für die Körperpflege war, erstreckt sich die Tendenz, vormals Getrenntes zu vereinen bzw. vormals Verstecktes zu zeigen. Das Badezimmer löst sich manchmal in Wellness-Bereiche auf, bei denen Bett und Badewanne, freistehend wie der Küchenblock, keine Antipoden in getrennten Räumen mehr sind. Man kann aus dem einen bequem ins andere steigen. Irgendwann, scheint mir, müssen Schamgrenzen abgebaut worden sein. Wie groß war noch die Empörung, als Le Corbusier 1927 in einem seiner beiden Häuser in der Stuttgarter Weißenhofsiedlung Wanne und Bidet, nur halbhoch abgeschirmt, auf eine Schlafempore platzierte, die in den Luftraum über dem zweigeschossigen Wohnbereich ragt!

Arbeit wird zunehmend nicht nur im Büro erledigt, sondern zu Hause. Doch von solchem **Homing**, und wie es sich mit den anderen Räumlichkeiten vertragen könnte, zeigen unsere Beispiele wenig. Allenfalls ist das frühere Herrenzimmer zum Arbeitszimmer geworden, das freie Berufe von der Steuer absetzen können. Offenbar bestehen Hemmungen, im heimischen Rückzugsgebiet allzu viele Spuren der Arbeit sichtbar werden zu lassen. Auch von der oft propagierten Tendenz zum **Nesting** oder **Cocooning**, zum Einhausen und Einnisten als Gegenprogramm zu den Risiken der Außenwelt, ist nicht viel zu sehen. Offenheit und Entgrenzung herrschen vor, im horizontalen Ineinanderfließen der Räume wie in ihrer vertikalen Beziehung über zwei oder gar drei Stockwerke.

Wenn diese Häuser in schöner Abgeschiedenheit liegen, ist die Gefahr einer Störung von außen ohnehin gering. Die Öffnung wird ohne Öffentlichkeit realisiert – oder nur mit jenem kleinen begrenzten Teil, dem der Zutritt erlaubt ist, guten Bekannten oder Geschäftsfreunden. Wie man Geräumigkeit auch bei kleineren Grundrissen herstellt, ist ein verbreitetes Anliegen. Viele Aufnahmen der abgebildeten Wohnzonen wirken, als hätten Hausfrau und Hausherr den allgegenwärtigen Krempel des Alltags beiseite geräumt, solange der Fotograf mit Stativ und Reflektor hantierte. Danach herrscht im All-Raum wieder das gewohnte All-Chaos.

Nicht die Höhle, sondern das Loft ist Leitbild. Ähnlich den Lounges der Firmenlobbys, der Flughäfen und Hotels bieten nicht die Räume Schutz und Einnistung, sondern Möbel wie die schaumstoffgepolsterten Sitzschalen eines Arne Jacobsen, die Bubble Chairs eines Luigi Colani, die Polsterlandschaften eines Verner Panton. Produkte wie diese sind bereits Klassiker der Designgeschichte. Sie werden aber nach wie vor gern in zeitgenössischen Ambientes verwendet oder haben Nachfolger gefunden. Mit noch geringerem materiellem Aufwand schafft das Handy solche Abschottungen. Es ermöglicht dem Twitter- und Facebook-Teilnehmer inmitten seiner Nächsten den Dia-

log mit fernen Partnern und zieht eine nur akustisch wirksame Hülle um ihn. Anders als der Tarnkappen-Held im Märchen ist der Einzelne zwar sichtbar, aber abwesend.

Im Übrigen scheint mir, dass die Erfindungen der telematischen Gesellschaft die Häuser dieses Wettbewerbs nur wenig verändert haben: wir sehen keine wandgroßen Flatscreens, keine Medienwände, keine Projektionsspiele aus Videobeamern, keine elektronischen Tapeten. Aber vielleicht liegen die Anschlüsse schon alle unter Putz bereit? Und das ferngelenkte Hausmanagement, mit dem sich alle Installationen vom Raumklima bis zu Garagentor und Kühlschrank kontrollieren lassen, bescheidet sich diskret mit unauffälligen Steuerboards? Technologische Zukunftsvisionen paradieren wohl eher in Avantgardezeitschriften oder futuristischen Schauräumen am Rande internationaler Möbelmessen. Werner Sobeks Haus (S. 166), ein voll recycelbares, emissionsfreies Plusenergiehaus, bildet eine der Ausnahmen. Doch auch dieser gläserne Pavillon stellt sich nicht wie Sobeks berühmtes, inzwischen fünf Jahre altes Entwicklungsmodell R 129 (S. 15) als transparenter Kokon dar, der einem Science-Fiction-Film entnommen sein könnte. Vielmehr präsentiert er sich in schlanker Klassizität, als wäre er eine noch konsequenter entkörperlichte Komposition Ludwig Mies van der Rohes.

Was für die Häuser jeder Geschmacksrichtung gilt: Sie haben sich der Forderung nach einem vernünftigen Energiekonzept zu stellen. Sichtbare Photovoltaik-Elemente oder Sonnenkollektoren werden auf Häusern der oberen Preiskategorie offenbar ungern montiert. Aber die übrigen Instrumente nachhaltigen Bauens, vorteilhafte Orientierung, Speicherflächen, Verschattungselemente, Verwendung baubiologisch geprüfter Materialien, ausreichende Dämmung, Luft-Wasser-Wärmepumpe, Erdwärmetauscher, Wärmerückgewinnung finden sich sämtlich, nicht alle bei jedem Haus, doch die eine oder andere Maßnahme allenthalben. Bei den weit geöffneten und verglasten Häusern muss der Wunsch nach Außenbezügen und Transparenz

Musterhaus am Horn, Weimar
Architekt: Georg Muche (mit Walter Gropius)

sorgfältig mit dem ökologischen Gewissen der Bauherren und ihrer Architekten austariert werden. Trotzdem sind erfreulich viele Einreichungen Passiv- oder sogar Plusenergiehäuser.

Veränderbarkeit des Grundrisses ist im Geschosswohnungsbau, wo die Mieter häufig wechseln, eine seit Langem akzeptierte, doch nicht allzu oft erfüllte Forderung. Das Einfamilienhaus mit seinem meist viel größeren Flächenangebot und seiner geringeren Fluktuation der Bewohnerschaft betrifft sie weniger. Wenn Grundrisse großzügig sind, verkraften sie künftige Nutzungsänderungen leichter. Das klassisch einschlägige Zitat stammt von Mies van der Rohe, der einen Entwurf seines Architektenkollegen Hugo Häring kommentierte: „Menschenskind, mach' doch die Bude groß genug … Wir wissen ja gar nicht, ob die Leute das so benutzen, wie wir es gerne möchten. Die Funktionen sind erstens mal nicht eindeutig, und dann sind sie nicht beständig, die wechseln viel schneller als der Bau." Doch in unseren heutigen Patchwork-Zeiten unterliegen auch Hausbesitzerfamilien in „großen Buden" dem Wechsel. Rechtzeitig an einen möglichen anderen Gebrauch des eigenen Hauses durch Familienstandsänderung oder Verkauf zu denken, könnte nicht schaden.

Respekt für das Vorhandene darf man auch bei allein stehenden Privathäusern verlangen. Je weniger die Landschaft angetastet ist, desto mehr sollte Rücksichtnahme walten. Auch im Interesse des eigenen Werks: In vielen Fällen profitiert der Entwurf von den Eigenarten der Topografie, den lokal vorhandenen Materialien, der Typologie der Nachbararchitektur. Der Gewinner des Vorjahrs-Wettbewerbs, Armando Ruinelli, bot mit dem Einbau eines Wohnhauses in eine alte Feldstein-Scheune in Soglio, einem Bergdorf im schweizerischen Tessin, ein beneidenswert schönes Beispiel dafür, wie aus altem Bestand ein neues Haus mit sinnlich reicher Ausstrahlung werden kann. Die vorliegende Auswahl zeigt gleichfalls Häuser, die ihren Charakter der ortsüblichen Materialwahl, dem Blick auf die Nachbarschaft und der Rücksicht auf die Landschaft verdanken. Oder die aus dem Umbau und der Einbeziehung alter Bausubstanz hervorgegangen sind. Es ist eine Aufgabe, die auch im Einzelhausbau immer mehr gestellt werden wird.

Keine Frage, der Verbrauch an Grund und Boden ist bei luxuriöseren Eigenheimen hoch. Das zeitgenössische, frei stehende Landhaus trägt zum Flächenverbrauch in Straßen- und Siedlungsbau bei, nicht nur wegen der Größe der eigenen Liegenschaft, sondern wegen der Erschließungssysteme, die das Wohnen in solch luxuriöser **Splendid Isolation** erfordert: mindestens zwei Autos pro Haushalt, vermehrter

Oben: Urbane Villa, Lausanne
Architekten: 2b architects

Rechts: R 129, Studie 2002–2012
Architekt: Werner Sobek

Straßenbau in Suburbia, dazu Parkplätze am Arbeitsort, teure öffentliche Dienste, Trassen für Trinkwasserversorgung, Abwässer, Elektrizi-
tät, Abfallbeseitigung. Alles, was die Familie im Zwischenstadtland an
Kontakten und Institutionen braucht, ist weit weg und muss – für die
Allgemeinheit kostspielig – ermöglicht werden. In der Bundesrepublik
beträgt die Inanspruchnahme bisher unbebauten Landes zwar nicht
mehr 100 Hektar wie noch vor Kurzem, sondern „nur" noch 77 Hektar
– pro Tag! Ein Teil davon geht jedoch auch auf das Konto des Einzelhauses.

Deswegen waren wir Juroren, die für Wettbewerb und Buch die Projekte auswählten, von jenen Architekten besonders beeindruckt, die
kompakte Vorschläge machten, ohne den Wunsch ihrer Auftraggeber
nach den eigenen vier Wänden unerfüllt zu lassen. Die Träger des
ersten Preises haben dafür eine verführerische Lösung gefunden.
Sie zogen sozusagen die Etagen eines Gesamtbauwerks am steilen
Hang auseinander und vereinzelten sie zu gesonderten Villen (S. 18).
Die Villa auf der Etage folgt erst recht dem Konzentrationsgebot. Vor-
gänger hat sie in der heroischen Phase der Moderne, so bei Le Corbusier. Die zu einem Gebäude übereinander geschichteten und ineinander verschränkten Kohabitationen von 2b Architectes in Lausanne
(S. 26) und der Frankfurter Lückenbau von Jo. Franzke Architekten
(S. 72), ein klassisches Stadthaus über fünf Geschosse, schreiben

diese Tradition fort – und kennzeichnen zugleich die Grenzen unseres
Themas. An diesen Marksteinen geht die Gattung des villenartigen
Einzelhauses in andere, flächensparende, weil dichtere Typologien
individuellen Wohnens über.

König Drosselbart hin oder her: Ich mache mich von etwaigen An-
flügen des Sozialneids frei und atme tief durch. Selbst wenn die in
diesem Band versammelten Häuser Glückserfüllungen nur für einen
kleinen Prozentsatz der Bevölkerung bedeuten, eine Kulturleistung
stellen sie trotzdem dar. Bewundern wir die Kasinos der Renaissance,
die Maisons de Plaisir des Barocks, die Villen des Jugendstils und der
1920er-Jahre nicht noch heute, nachdem ihre Bauherren, die Fürsten
und Hofleute, Bankiers und Großbürger sie längst verlassen haben?
Wir besuchen sie dankbar, sofern uns Einlass gewährt wird, oder
nehmen sie in den Architekturgeschichten zur Kenntnis. Vielleicht
passiert das dem einen oder anderen Haus unserer Tage auch einmal.

DREI EINFAMILIEN-HÄUSER IN LUZERN

DANIELE MARQUES

1. PREIS

Das Hanggrundstück für diese drei Terrassenhäuser ist die letzte bebaubare Parzelle an der Grenze zur landwirtschaftlich genutzten Fläche. Es steigt nach Nordwesten steil an und wird oberhalb von Mischwald und auf zwei Seiten von Wiesen mit Obstbäumen begrenzt.

Die neuen Gebäude sind versetzt übereinander angeordnet, wobei das unterste als Einstellhalle dient. Mit dieser Typologie ist jedem Nutzer der eingeschossigen Einfamilienhäuser Privatsphäre und Panorama-Aussicht auf den Vierwaldstätter See und die Berge garantiert.

Von der Einstellhalle ist ein Zugang zu Haus 1 möglich, hier gibt es auch Fahrradräume für die einzelnen Häuser. Die höheren Ebenen erreicht man jeweils mit einem eigenen Aufzug, zu Fuß über eine „Himmelstreppe" entlang der Nordostfassaden. Begleitende Brüstungen dienen als Geländer und Sichtschutz gegen die einzelnen Häuser und Terrassen, um ein Höchstmaß an Privatsphäre zu bieten. Alle Häuser besitzen ähnliche Merkmale wie die gestaffelte Positionierung im Terrain, die Konzentration sämtlicher Nebenräume an der fenster-losen Bergseite und die Öffnung der Wohn- und Schlafräume mit großzügigen Verglasungen zu vorgelagerten, begrünten Terrassen nach Südosten. Die skulptural überhöhten Kamine (die Häuser werden individuell mit einer Ölheizung versorgt) schützen den jeweils oberhalb wohnenden Nachbarn vor Emissionen, gleichzeitig verorten die hohen Türme die als flache Scheiben in den Hang schneidenden Wohnhäuser kontrapunktisch.

Von Weitem erschließt sich die Wohnnutzung nicht sofort. Man erkennt in den grünen Hang schneidende, lagernde Scheiben, die von senkrechten Kamintürmen durchkreuzt werden: ein Dampfermotiv in den Bergen. Die tiefe Staffelung kurz vor der Feldern gewährt ein Höchstmaß an Privatheit.

Die gesamte Anlage ist in Massivbauweise errichtet, die sichtbaren Bereiche aus hell eingefärbtem Beton. Außer den in die Tiefe reichenden Wandscheiben stehen an der Fassade nur wenige Stützen, um die raumhoch verglasten Aussichtsflächen nicht zu stören.

Die Gestaltung des Außenraums vermittelt zwischen der Architektur und den natürlichen Gegebenheiten. Die Treppenanlage folgt der Neigung des Geländes, es ergibt sich ein fließender Übergang zu den Wiesen. Die Begrünung der Terrassen kann man als „Landrückgabe an Mutter Natur" lesen.

Der Wohnraum lugt mit einem geschosshoch verglasten Erker aus der Fassadenflucht. Die Aussicht auf den See und in die Berge ist unbezahlbar.

Schon bei der Morgentoilette weiß man, wo man zuhause ist. Der Spiegel verdoppelt das Panorama.

Die Nebenräume liegen zur fenster-
losen Bergseite. Beim oberen Haus
wird die Rückwand der zum See orientierten Räume als Bücherwand
genutzt.

Gebäudedaten

Grundstücksgröße: 2.200 m²

Wohnfläche: 640 m² (Haus 1: 225 m²,

Haus 2: 215 m², Haus 3: 200 m²)

Zusätzliche Nutzfläche: 443 m²,

(Autoeinstellhalle 375 m²,

Haus 1: 28 m²,

Haus 2: 31 m², Haus 3: 9 m²)

Anzahl der Bewohner: 3

Bauweise: Einschaliger Sichtbeton

mit Innendämmung

Primärenergiebedarf: 75 kWh/m²a

Baukosten: 6.000.000 CHF

Baukosten je m² Wohn-

und Nutzfläche: 5.550 CHF

Fertigstellung: 2011

Die skulpturalen Kamine markieren die lagernden Häuser und schützen den höher liegenden Nachbarn vor Emission.

Daniele Marques, CH-Luzern

„Wohnen bedeutet, sich einem Ort anzuvertrauen. Was gibt es Schöneres, als erdverbunden und dennoch frei leben zu dürfen? – Unser Haus ist eine Höhle, eingebettet in die Erde und offen zur Weite der Landschaft."

Urteil der Jury

Die Lage am Vierwaldstätter See ist beneidenswert, mit dem Blick auf See, Ort und Hochgebirge, mit Wald, Wiesen und Weinacker in nächster Nähe. Sogar die Hangneigung stimmt, Norden liegt im Rücken. Statt diese fabelhafte Parzelle mit einem einzigen luxuriösen Anwesen zu überbauen, entschieden sich Bauherr und Architekten, die Vorzüge der Lage mehreren Parteien zukommen zu lassen. Drei zeilenförmig organisierte Häuser plus eine untere Wagenhalle wurden übereinander gestapelt. Zwei haben eine großzügige Gartenfläche mit einem langen Wasserbecken auf dem Dach des jeweils unteren Hauses. Schmale Kaminschlote sind hoch geführt, um die Abgase besser zu verteilen, aber auch, um jede Wohneinheit zu akzentuieren. Für den Blick von außen wirken die weißen Scheiben wie Anspielungen auf die Hochhäuser, die weit hinten über das Seeufer ragen. Eine Außenstiege, die zu den oberen Häusern führt – denn zu Fuß muss man die Höhe erklimmen –, wird von Seitenmauern begleitet, die den Einblick in die Dachgärten verhindern.

Die Jury entschied sich für die Vergabe des ersten Preises nicht zuletzt, weil hier das Ur-Schweizer Thema des Terrassenhauses intelligent variiert wurde. Trotz kompakter Dichte bietet die Anlage ein denkbar hohes Maß an Wohnkomfort und Eleganz.

Wolfgang Pehnt

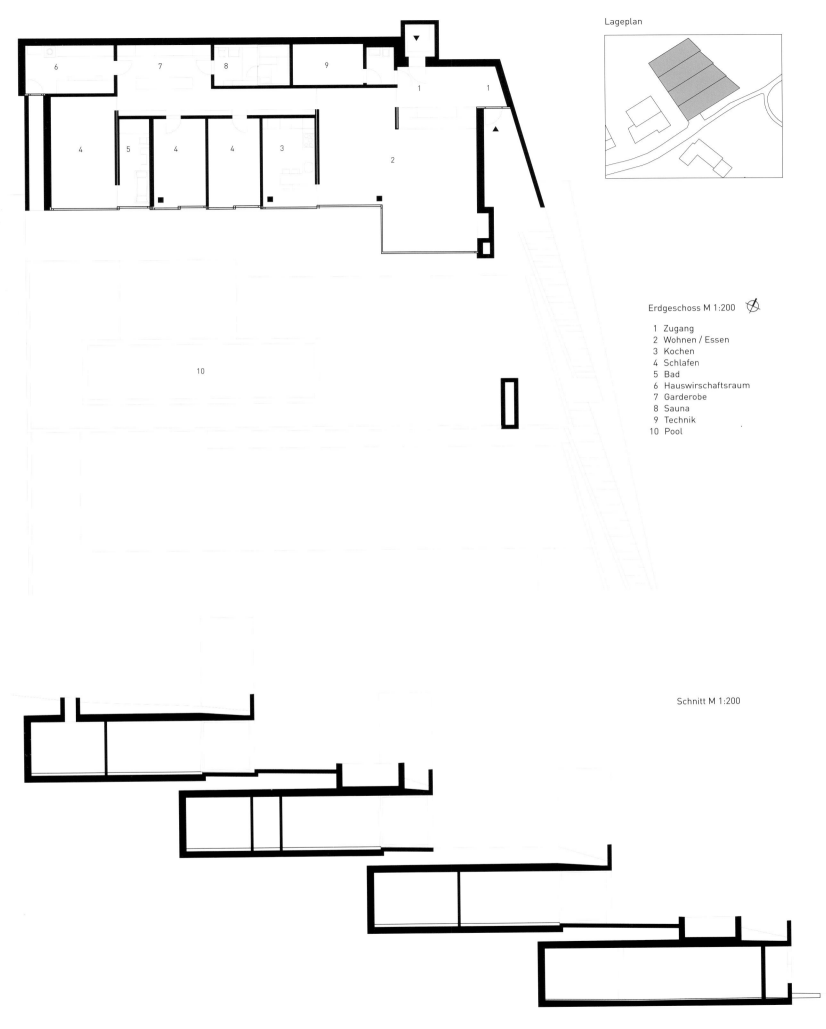

Lageplan

Erdgeschoss M 1:200

1 Zugang
2 Wohnen / Essen
3 Kochen
4 Schlafen
5 Bad
6 Hauswirschaftsraum
7 Garderobe
8 Sauna
9 Technik
10 Pool

Schnitt M 1:200

URBANE VILLA IN LAUSANNE

2B ARCHITECTES

SONDERAUSZEICHNUNG

Die Vorbehalte gegen das Einfamilienhaus sind nicht neu. In Zeiten schwindender Ressourcen und größerer Sensibilität für den Energieverbrauch nimmt man sie allerdings ernster – und es werden Alternativen gesucht. Dieses Beispiel einer „urbanen Villa", wie es die Architekten nennen, verbindet in einer zeitgemäßen und nachhaltigen Verdichtungsstrategie vier wie bei einem Steckspiel ineinander verzahnte Einfamilienhäuser in einem einzigen großen Volumen.

Durch erfinderische, ungewohnte Raumfolgen mit unterschiedlichem Charakter weist jede der vier (Teil-)Villen die archetypischen Merkmale eines frei stehenden Einfamilienhauses auf. So sind etwa die Wohnräume und die differenzierten Wege jeder Einheit über die gesamte Höhe des Gebäudes verteilt; sie profitieren von unterschiedlichen Ausblicken und Sonnenständen, jede Wohnung verfügt über einen unabhängigen Eingang vom Hof, eine direkte Verbindung zur Garage und eine private Gartenparzelle.

Die Bereiche Wohnzimmer, Essplatz, Küche und Schlafzimmer werden einerseits auf unterschiedliche Geschosse verteilt, andererseits aber durch die vier ineinander verschachtelten privaten Treppenräume verbunden. Die Villen winden sich wie ineinander verschlungene Spiralen um den gemeinschaftlich genutzten überdachten Innenhof, der Tageslicht ins Innere holt. Es handelt sich also nicht um ein Mehrfamilienhaus mit vier Wohnungen an einem Treppenhaus. Die Größen variieren zwischen 151 und 288 Quadratmetern, außerdem bietet die dichte Agglomeration Büroräume.

Die ungewöhnliche Lösung für gestapelte, miteinander verschränkte Einfamilienhäuser versteht sich als Beitrag zur städtischen Verdichtung.

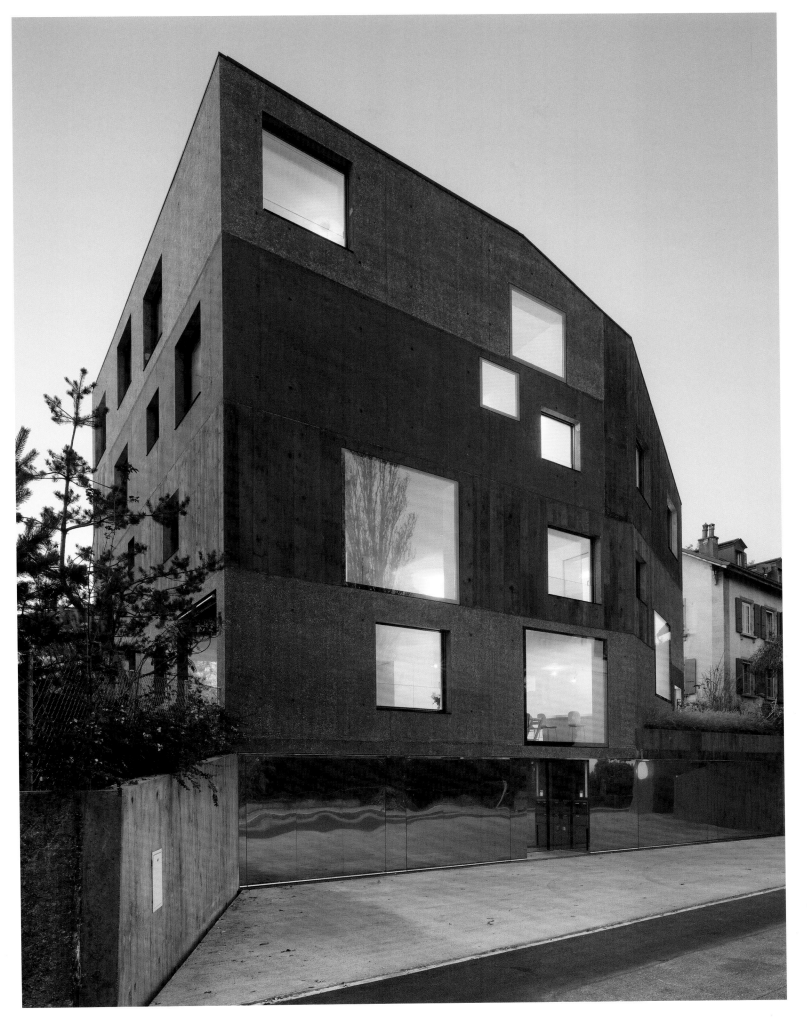

Die Sichtbetonfassade zeichnet die einzelnen „Häuser" und ihre über mehrere Geschosse reichenden Wohnflächen individuell nach.

Die Fensteröffnungen, die wie ausgestanzt wirken, interpretieren die typischen Lochfassaden der Umgebung. Sie sind abstrakt und bildhaft auf der Außenansicht verteilt.

Städtebaulich fügt sich die kompakte urbane Villa in den bestehenden Park der ehemaligen „Campagne Beaumont" ein, einem Landsitz aus dem Jahr 1850. Mit ihren wie ausgestanzt wirkenden Fensteröffnungen interpretiert sie charakteristische Eigenheiten der umliegenden Häuser aus dem 19. Jahrhundert. Dazu gehört auch die mineralische, auf die Farben der Vegetation abgestimmte Fassade aus braunem Sichtbeton mit innenliegender Dämmung.

Die einzelnen Wohneinheiten bleiben dabei durch ihre unterschiedlichen Betonoberflächen und ihre typologische Verschränkung auch von außen ablesbar.

Das große Hausvolumen stapelt die Hauseinheiten nicht konventionell, sondern wirkt wie eine ausgehöhlte Skulptur. Essplatz unter der Bibliothek der Wohnung A.

Die unterschiedlichen Fensterlösungen animieren zu entsprechender Innenraumgestaltung.

Bibliothek der Wohnung A: Sie hat eine Galerieverbindung zum darunter liegenden Esszimmer.

Kein anonymer Lichtschacht: Der Patio bietet allen Treppenpassanten ein spiegelndes Kunstwerk.

Das Treppenlabyrinth führt in Spiralen um den Lichthof. Jedes Haus besitzt bis in den Keller eine eigene Erschließung.

Philippe Béboux, Stephanie Bender, CH-Lausanne

„Das Grundkonzept ermöglicht es, die Vorzüge der individuellen Wohnsituation mit einem gemeinschaftlichen Miteinander zu verknüpfen: eine innovative und durchdachte Antwort auf urbane Verdichtung, die die Idee des ‚Zusammen-Wohnens' neu aufwertet."

Urteil der Jury

Die „Urbane Villa" steht an der Spitze des Parks Campagne de Beaumont in Lausanne, einem Landsitz aus dem Jahr 1850. Vier große Wohneinheiten sind in einem kompakten, kristallinen Volumen vereint. Typologisch gesehen handelt es sich also eigentlich nicht um ein Einfamilienhaus. Doch eine überaus raffinierte räumliche Verflechtung verleiht jeder Einzelnen der vier Einheiten – oder sollte man besser sagen: jedem einzelnen Haus – Eigenschaften, die man sich für ein frei stehendes Einfamilienhaus wünscht: Individuell gestaltete Wohnräume, faszinierende Raumsequenzen, die über alle Geschosse verlaufen, Ausblicke in alle Himmelsrichtungen, ein eigener Garten, eine eigene Garage und eine charaktervolle Erscheinung. All dies vereinigt die „Urbane Villa" auf engstem Raum.

Die Jury erkannte darin einen innovativen Beitrag zur Frage der innerstädtischen Verdichtung und honoriert die Fähigkeiten der Architekten, auf diese für unsere Städte so wichtige Fragestellung eine überzeugende, zeitgenössische Antwort gegeben zu haben.

Max Dudler

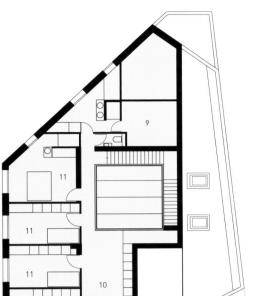

3.Obergeschoss M 1:250

2.Obergeschoss M 1:250

Wohnung A

Wohnung B

Wohnung C

Wohnung D

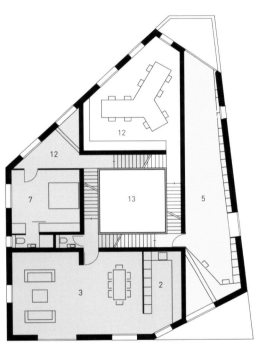

1.Obergeschoss M 1:250

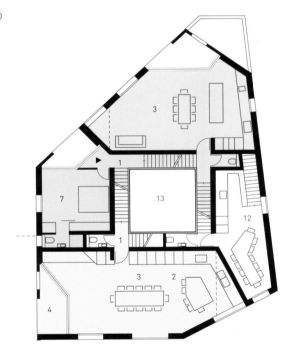

Erdgeschoss M 1:250

1 Zugang
2 Kochen
3 Wohnen / Essen
4 Loggia
5 Bibliothek
6 Ankleide
7 Schlafen
8 Bad
9 Speicher
10 Spielen
11 Kind
12 Arbeiten
13 Patio

Gebäudedaten

Grundstücksgröße: 870 m²

Wohnfläche: 288 m² (Villa A),
168 m² (Villa B), 182 m² (Villa C),
151 m² (Villa D),

Zusätzliche Nutzflächen:
99 m² (Villa A), 60 m² (Villa B),
60 m² (Villa C), 93 m² (Villa D),

Anzahl der Bewohner: 4 x 4

Bauweise: Massivbau, Betonwände
mit Innendämmung

Primärenergiebedarf: Bei dieser

Bauweise wird in der Schweiz der
Primärenergiebedarf nicht berechnet. Da das Haus erst im September
2011 bezogen wurde, kann der Wert
erst ab September 2012 berechnet
werden.

Baukosten: 3.631.888 CHF (Kosten-
gruppe 300 + 400 HOAI)

Baukosten je m² Wohn-
und Nutzfläche: 3.024 CHF

Fertigstellung: September 2011

Schnitt ohne Maßstab

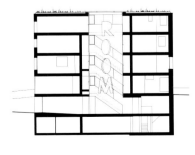

Lageplan

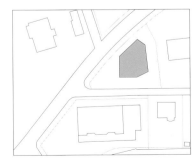

SANIERUNG EINES BAUERNHAUSES IN BARTHOLOMÄBERG

KATRIN UND OTTO BRUGGER

AUSZEICHNUNG

Dieses Montafoner Bauernhaus, vermutlich Mitte des 18. Jahrhunderts gebaut, wurde von den Besitzern einige Zeit als Ferienhaus an Touristen vermietet, bevor sich die wachsende Familie entschloss, es mit ihren Kindern wieder selbst zu nutzen. Dazu waren sorgfältige Ergänzungen und Instandsetzungen nötig.

Entsprechend der regionalen Tradition ist das Haus im Untergeschoss und teilweise im Erdgeschoss aus Bruchsteinmauerwerk errichtet, darauf steht ein Strickbau aus massiven Holzbalken. Die erforderlichen Eingriffe sollten so schonend wie möglich sein, ohne auf zeitgemäßen Komfort und technische Standards zu verzichten. Zu den Maßnahmen gehörte zum Beispiel eine 12 Zentimeter dicke Innendämmung aus Holzfasern, die mit einer Weißtannenschalung verkleidet wurde, auch Böden und Decken sind entsprechend erneuert. Traditionelle, aber neue Kastenfenster ersetzen die alten. Die Kellerwände wurden mit einer Betonvorsatzschale stabilisiert. Ein Grundofen, der mit Stückholz befeuert wird, versorgt das gesamte Haus samt Fußbodenheizung und Brauchwasser. In der milderen Jahreszeit übernimmt eine Elektropatrone (Nachtspeichertarif) die notwendige Erwärmung. Vermieden wurden nach Möglichkeit industrielle Produkte wie Bleche, Folien, Fliesen und Beschichtungen.

Die Außenansicht hat sich nicht merklich verändert. Helle Hölzer an der Fassade, als Fensterrahmen und Läden, werden noch einige Zeit die Auffrischung zeigen. Der Grundriss entspricht dem ursprünglichen Haus, die Raumhöhe bleibt bei knapp 2 Metern. Da es an einem steilen Hang steht, ragt der Keller im vorderen Teil aus dem Gelände, er besitzt einen eigenen Zugang von außen.

Dank der innen ergänzten Wärmedämmung konnte die Außenansicht erhalten bleiben oder wurde nach altem Vorbild wiederhergestellt. Der Eingang bietet einen heimeligen Sitzplatz. Das Holzhaus ruht auf einem gemauerten Sockel. Dahinter liegt der von außen zugängliche Keller.

In das Erdgeschoss geht es unter dem Schutz des seitlichen Balkons. Hier empfängt ein großer Vorraum, von dem eine in die Wohnküche einschneidende Treppe nach oben führt. Offene Türen zwischen allen Räumen unterstützen nicht nur die Wärmeverteilung des Grundofens, sondern erlauben auch den Kindern das Rundlaufen durch Diele, Küche, Esszimmer und Stube. Oben gibt es einen breiten Spielflur und drei Schlafzimmer mit einem schmalen Bad unter dem auskragenden Dach. Als Holzhaus wird es nie ganz fertig werden, sondern die Bewohner weiter anregen, es handwerklich zu verstehen, zu erforschen, zu verändern – Spuren zu hinterlassen.

Der Vorraum zeigt schon, wie es weitergeht. Die Räume sind rundum mit Holz ausgeschlagen.

Das neue Kraftwerk, der Grundofen in der Stube. Hier gibt es noch eine alte Holzkassettendecke.

Die Umgebung der traditionellen Bauernhausarchitektur führte zu keiner falschen Gemütlichkeit. Moderne Möbelklassiker setzen die Baugeschichte beispielhaft fort.

Die Zimmerhöhe ist ungewohnt niedrig, aber der breite Spielflur lässt Bewegungsraum.

Die Kastenfenster zeigen außen durch die einfache Verglasung filigrane Sprossen, innen schließt ein ungeteilter Isolierglasflügel an.

Urteil der Jury

Ein wunderbares, 250 Jahre altes Holzhaus wie aus dem Kinderbuch, am Steilhang stehend, unten Stein, oben Fichtenholz, zweigeschossig, mit flachem Giebeldach und großem Dachüberstand, überdachtem Eingang mit Sitzbank, darüber ein Balkon und zusätzlich eine kleine Terrasse mit Ausblick. Das Ganze auf nur etwa 8 x 8 Metern für den Baukörper. Was will man mehr? Der Bauherr und Architekt Otto Brugger ist hier aufgewachsen und hat mit einem schonenden Umbau den Komfort des alten Hauses auf zeitgemäße Weise erhöht, aber trotzdem die Authentizität seines Bauschatzes nicht zerstört, Weißtanne über Holzfaserdämmung für den Innenausbau genommen, neue Holzkastenfenster eingesetzt und die Originalbauteile mit dunkler Patina erhalten. Oben ist Platz für die Eltern und zwei Kinderzimmer sowie Bad mit Wanne, unten liegt neben Küche, Arbeitsraum und Esszimmer eine Stube mit zentralem Holzofen, der das ganze Haus über eine Fußbodenheizung erwärmt.

Herausgekommen ist ein Meisterwerk zeitgenössischen Weiterbauens, das an Gion Caminadas wegweisende Eingriffe erinnert und eine pflegliche und liebevolle Haltung offenbart, die im ländlichen Raum längst nicht mehr selbstverständlich ist.

Peter Cachola Schmal

**Raumökonomie: In der Küche bildet
sich die Treppe nach oben ab.**

**Auch das Bad ist rundum mit Holz
verkleidet. Durch den schmalen
Raum unter der Dachschräge ergab
sich die Anordnung der Objekte.**

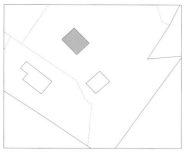

Lageplan

Gebäudedaten

Grundstücksgröße: 4.500 m²

Wohnfläche: 144 m²

Anzahl der Bewohner: 5

Bauweise: EG und OG – Holz,

UG – massiv, Mauerwerk und

Stahlbeton.

Primärenergiebedarf: 29,20 kWh/m²a

Baukosten: 200.000 Euro

(KG 300 + 400 HOAI)

Baukosten je m² Wohn-

und Nutzfläche: 1.389 Euro

Fertigstellung: 2010

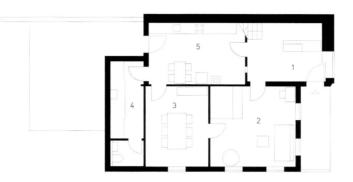

Erdgeschoss M 1:200

1 Zugang
2 Wohnen
3 Essen
4 Abstellraum
5 Kochen
6 Diele
7 Schlafen
8 Balkon
9 Bad

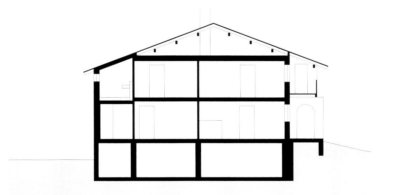

Schnitt M 1: 200

Katrin und Otto Brugger, A-Bartholomäberg

„Was ich an diesem alten Haus an Sinnvollem immer wieder neu entdecke, lässt manchen Neubau alt aussehen."

ZWEI MINERGIE-HÄUSER IN OBERWENINGEN

L3P ARCHITEKTEN

AUSZEICHNUNG

In ländlicher Umgebung sind auf einem schmalen Grundstück zwei frei stehende Einfamilienhäuser entstanden, die in Bezug auf Baukörpergestaltung und räumliche Ausrichtung neue Lösungen zeigen. Der klassische Typ „Doppelhaus" wurde getrennt und als Skulptur, so wie es ein Bildhauer tun würde, bearbeitet. Das Ergebnis sind zwei polygonale Körper, deren korrespondierende Nähe eine besondere Qualität erreicht. Die Innenräume gerieren sich ohne direkte Einblicke, sie werden durch die reflektierenden Wasserbecken im äußeren Zwischenraum, den Spiegelungen der Fassaden und ungewohnte Durchblicke zu unverwechselbaren Orten mit einer starken Ausstrahlung und Intimität.

Die Lage im Gelände prägt auch den Innenbereich. Ein ausgeklügeltes Erschließungskonzept ordnet die Räume nach dem Splitlevel-Prinzip um einen Funktionskern im Erdgeschoss. Im Unter- und Obergeschoss werden die beiden getrennten halben Treppenläufe über dem Luftraum wieder parallel nebeneinander geführt. Durch diese Abstufung wird der Hangverlauf auch im Gebäude erlebbar. Die Innenwände sind gemauert und fein verputzt, die Außenwände zeigen den dunklen

Sichtbeton der Konstruktion, der mit den schwarzen fugenlosen Böden sowie den großen Fensterflächen zu einer technisch kühlen Atmosphäre beiträgt. Aufwendige Oberlichtkonstruktionen erzeugen Lichtstimmungen von fast sakraler Kraft und Ausstrahlung.

Die Verteilung der Räume zeigt äußerste Ökonomie. Der Zugang liegt im Untergeschoss, hier sind durch abgegrabene Atrien ebenfalls Aufenthaltsräume möglich. Im dunklen Teil liegen die Kellerräume. Das Erdgeschoss trennt Küche/Essen und Wohnen durch den erwähnten Höhenversatz. Im Obergeschoss sind neben dem Elternschlafzimmer ein bzw. zwei Kinderzimmer ausgewiesen.

Zwei Häuser, die miteinander korrespondieren und sich doch nicht ins Wort fallen.

Außergewöhnlich ist die Materialisierung der äußeren Oberflächen. Dach- und Fassadenverkleidung entstanden in Zusammenarbeit mit dem Künstler Thomas Sonderegger. Das Ergebnis sind geätzte, feuerverzinkte Stahlpatten, die ein einzigartiges, sich lebendig verändernes Bild zeigen. Die damit belegten windschiefen Flächen der beiden kristallinen Baukörper ergeben zusammen ein monolithisches Artefakt – womit wieder eine Verbindung zur Arbeit des Bildhauers hergestellt ist.

Die ungewöhnlich bergenden Raumformen, die sich über die Geschosse staffeln und Licht von oben erhalten, geben dem Haus fast eine sakrale Anmutung.

Die Außenwand des Nachbarn und die reflektierende Wasserfläche scheinen den eigenen Wohnraum zu erweitern.

Die polygonale Architektur lässt sich am besten mit eigens angefertigten Schreinereinbauten möblieren.

Ins Untergeschoss kommt Licht über abgegrabene Atrien.

Wo sonst eine Brandwand ein Doppelhaus abgrenzt, teilt hier ein Schlitz die beiden Anwesen.

Markus Müller, Boris Egli und Martin Reusser, CH-Regensberg

„Der Grundtyp Doppelhaus wurde getrennt und ähnlich der Arbeit eines Bildhauers bearbeitet."

Urteil der Jury

Paso doble. Das im Zürcher Unterland realisierte Projekt der Architekten L3P übernimmt vom berühmten Tanz, das progressive sich auf der Fläche Bewegen, die sehr dichte Nähe und das zeitgleiche Auseinanderdriften. Es setzt sich thematisch mit dem Doppelhaus und dem Einfamilienhaus auseinander und dies auf eine interessante Art und Weise. Für die Jury waren vor allem das Nachdenken über Wohnformen im Einfamilienhausbereich und die raffinierten Grundrisslösungen von Bedeutung. Sowohl in der Organisation der Wohnungen als auch in der Außenraumgestaltung vermag der Entwurf zu überzeugen. Die Zusammenarbeit zwischen den Architekten und einem Künstler, und dies insbesondere im Zusammenhang mit dem Wohnungsbau, wird als sehr gelungen empfunden.

Armando Ruinelli

Dachgeschoss M 1:250

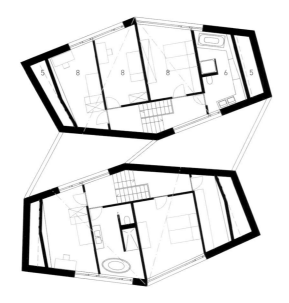

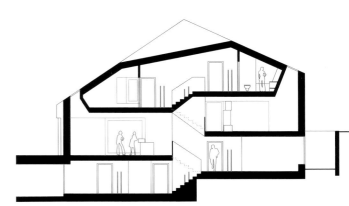

Erdgeschoss M 1:250

1 Zugang
2 Luftraum
3 Wohnen
4 Kochen / Essen
5 Oberlicht
6 Bad
7 Schlafen
8 Atrium
9 Zimmer
10 Arbeiten
11 Technik
12 Keller
13 Garage

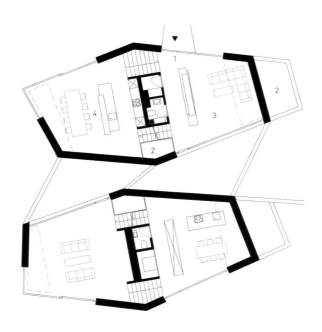

Gebäudedaten

Grundstücksgröße: 500 m² / Haus

Nettogeschossfläche: 231 m² / Haus

Zusätzliche Nutzfläche: 57 m² / Haus

Anzahl der Bewohner: 5

Bauweise: massiv

Heizwärmebedarf: 38 kWh/m²a

Primärenergiebedarf: 50 kWh/m²a

Fertigstellung: 2011

Untergeschoss M 1:250

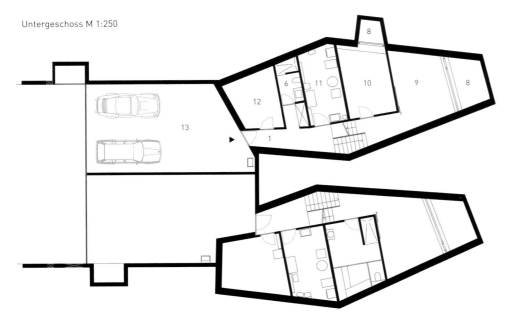

Lageplan

ERWEITERUNG EINES WOHNHAUSES IN WUPPERTAL

DENZER & POENSGEN

AUSZEICHNUNG

Ein bestehendes Wohnhaus am Ortsrand von Wuppertal-Schöller, erbaut zwischen 1900 und 1910 und zunächst als Jagdhaus genutzt, sollte für eine vierköpfige Familie erweitert werden. Die Ortschaft wird geprägt vom Baumaterial Kalkstein, der aus dem familieneigenen Steinbruch Oetelshoven kommt. Dadurch ist bis heute ein einheitliches Ortsbild ablesbar.

Das alte Haus hat eine fünfachsige, symmetrische Straßenfassade, die sich im Inneren fortsetzt. Das Satteldach reicht bis zur Decke des Erdgeschosses herunter, was Konsequenzen für den geplanten Anbau bedeutete: Einerseits sollte der Bestand um neuzeitlichen Wohnkomfort erweitert, andererseits eine Balance zwischen dem Vorhandenen und dem Hinzugefügten erreicht werden.

Die Architekten entschlossen sich, eingeschossig an das vorhandene Haus anzuschließen und diesen Zwischentrakt zweigeschossig zum Garten fortzusetzen. Dabei wurden die Fluchten des Altbaus respektiert, sodass von der Straße gesehen seine Präsenz und Anmutung nicht beeinträchtigt wird.

Der innere Weg wird ebenfalls aufgenommen und zum Neubau hin verlängert. Er endet im Obergeschoss mit Weitblick zum Tal und im Untergeschoss mit dem Austritt zum Innenhof, der das dort eingebaute Hallenbad belichtet.

Der kubische Anbau nimmt das Material des alten Hauses auf, wobei dessen bislang noch weiß geschlämmte Fassaden später einmal gereinigt werden sollen, um den Dialog zwischen Alt und Neu noch harmonischer zu gestalten.

Ein 100 Jahre altes ehemaliges Jagdhaus wurde zu einem stattlichen Anwesen erweitert: kompromisslos in der Kubatur, unauffällig von der Straße und verbindlich im Material.

Mit dem Tiefhof neben dem (Hallen-) Schwimmbad lässt sich Wellness ganz privat inszenieren.

Beim Kamin im Obergeschoss des Neubaus taucht der Stein, hier glatt verfugt, noch einmal auf.

Das Bad im Neubau setzt die kantigen Linien von außen fort. Ein Riesenspiegel bringt neue Dimensionen, aus der Wanne genießt man den Blick in den Garten.

Interessante Raumfolgen ergeben sich mit der Erweiterung. Küche und Essplatz im flachen Mittelbau sind jetzt Dreh- und Angelpunkt des Hauses mit Platz für viele Gäste.

Attraktion ist das unterirdische
Schwimmbad, das über den Tiefhof
belichtet wird. Hier setzt sich der
Kalkstein der Außenmauern auch
innen fort.

Andrea Denzer und Prof. Georg A. Poensgen,
D–Nettersheim-Marmagen

„Unsere Aufgabe bestand darin, einerseits das Wohnhaus zu erweitern,
andererseits den Bestand mit dem Neubau in Balance zu bringen"

Urteil der Jury

Ein altes Haus nicht einfach abzureißen, sondern durch geschickte
Ergänzung zu erhalten, sogar aufzuwerten und mit dem Anbau in einen
Dialog treten zu lassen, findet von vornherein die Zustimmung der Ju-
ry. Hier war der schwierige Übergang zu einem bereits einmal erwei-
terten Altbau herzustellen, dessen Anschluss an ein nach früherem
Anbau abgeschlepptes Dach nicht trivial war.

Die Fortsetzung macht jedoch keine Kompromisse und steht respek-
tierend in der Breite des straßenwärtigen Altbaus in zweiter Reihe.
Als Baumaterial diente das gleiche Material, sodass sich die „Spur der
Steine" über 100 Jahre fortsetzt. Die rau gebrochenen Bossen bilden
einen interessanten Kontrast zu den scharfkantigen Kuben der Erweiterung. Der neue Mittelpunkt ist eine Wohnküche, die beide Hausteile
kommunikativ verbindet. Selbst ein Maßstab sprengendes Hallenbad
ließ sich unterirdisch integrieren. Es wird über einen eingegrabenen
Hof belichtet. Hier sieht man den Stein ringsum – was Wunder, wenn
die Bauherrschaft über einen eigenen Bruch verfügt.

Thomas Kaczmarek

Lageplan

Altbau　　　　**Neubau**　　　　1. Obergeschoss M 1:250

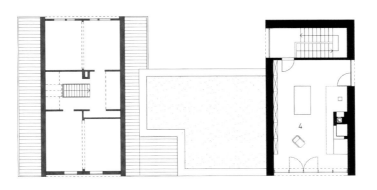

Erdgeschoss M 1:250

1 Zugang
2 Bad
3 Kochen/ Essen
4 Kaminzimmer
5 Schwimmbad
6 Außenhof

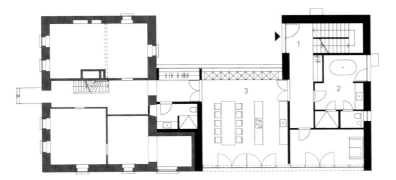

Untergeschoss M 1:250

Gebäudedaten

Grundstücksgröße: 1.800 m²

Wohnfläche: Bestand: 122 m²

Anbau: 78 m², Gesamt: 200 m²

Zusätzliche Nutzfläche:

Schwimmbad UG: 262 m²

Anzahl der Bewohner: 4

Bauweise: konventionelle,

zweischalige Bauweise

Primärenergiebedarf: 66,7 kWh/m²a

Fertigstellung: 2011

Schnitt M 1:250

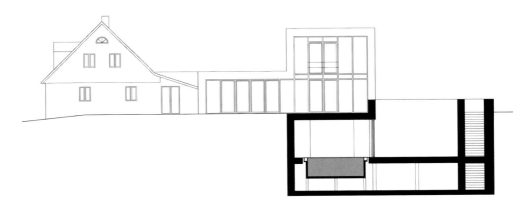

PRIVATHAUS AM ZÜRICHSEE

E2A ECKERT ECKERT ARCHITEKTEN

AUSZEICHNUNG

Das Grundstück mit direktem Seeanstoß ist eine Wiese mit alten Bäumen, die dem Ort eine unverwechselbare Qualität geben. Das neue Haus steht direkt an der Seestraße. Davor gibt es einen Eingangshof, das Gebäude selbst liegt quer und lärmgeschützt zur stark befahrenen Straße, der größere Teil des Grundstücks ist nach Südwesten auf das Seeufer orientiert. Seine Bepflanzung führt die vorhandene Vegetation als gärtnerisches Panoptikum der Seewiese fort. Der Baumbestand und der Heckensaum blieben erhalten, wurden ergänzt und sorgfältig weiter kultiviert.

Der Baukörper gliedert sich in drei horizontale, zum See hin unterschiedlich weit auskragende Geschosse mit wechselnden Höhen. Zur Straße wirkt die Betonfassade fast geschlossen, erst die Gartenfront öffnet sich verschwenderisch mit einer raumhohen Verglasung. Die Zimmer haben eine Tiefe zwischen 4 und 8 Metern.

Eine Besonderheit bedeutet die doppelte Erschließung, die sowohl einer Familie eine großzügige Nutzfläche bietet, als auch im 2. Obergeschoss eine separate Wohnung für einen Einlieger ermöglicht. Dazu

hat das Haus zwei Eingänge zu beiden Seiten der sich als Schräge grafisch abzeichnenden Treppenkaskade. Rechts erreicht man über eine Steintreppe (vorbei am fallweise verschlossenen 1. Geschoss) das 2. Geschoss, links betritt man die Diele, von der Holzstufen in einem eigenen Treppenhaus weiter nach oben und unten führen.

Im Erdgeschoss und nur durch Schiebetüren abgetrennt liegen ein Arbeitszimmer, die Küche und der Essplatz im Wohnraum. Darüber sind zwei Kinderzimmer mit gemeinsamer Nasszelle und das Elternzimmer mit großem Bad und Ankleidebereich angeordnet. Die Ebene

Zur lauten Straße, zumal hinter der betonierten Hofmauer, zeigt sich das Haus mit rätselhafter Veschlossenheit. Zum Seeufer und den parkartig anmutenden Bäumen hin öffnet sich die Fassade in allen Geschossen.

darüber wird zur Zeit von der Familie als zweiter Wohnbereich angenommen, kann aber dank eigener Küche und Bädern auch autonom
genutzt werden. Eine seitliche Dachterrasse setzt sich als Balkonsteg
vor den Fenstern zur Seeseite fort.

Von außen zeigt sich das Haus als materieller einheitlicher Baukörper
in weißem Sichtbeton ohne horizontale Schalungsfugen. In diese
gestaffelten, homogenen Volumen sind die leicht verspiegelten, fas-
sadenbündigen Glasflächen mit filigranen Rahmen eingeschnitten.

**Die Dachterrasse nach Nordosten
ist durch eine Verglasung wind-
geschützt.**

**Zum Konzept des plastisch lagern-
den, scharf geschnittenen Baukörpers gehört die flexible Nutzung mit
einer oder zwei Wohnungen. Neben
der Garage liegt der Haupteingang
zur Wohnung im EG und 1. OG.**

Das Erdgeschoss orientiert sich
über seine ganze Breite mit einer
offenen Fassade zum Garten, eine
polierte Stahlstütze übernimmt die
Lastabtragung.

Kein Raum entging der sorgfältigen
Architektenplanung. Ankleide und
Küche setzen das Ordnungsprinzip
fort.

Piet Eckert, Wim Eckert, CH-Zürich

„Jede der drei übereinander gestapelten, unterschiedlich großen Boxen aus weiß pigmentiertem Sichtbeton nimmt einen anderen Teil des Programms auf. Verbunden über zwei voneinander unabhängige Treppenkaskaden, ergeben sie zusammen ein klar strukturiertes Ensemble, welches das knappe Grundstück optimal nutzt und sich zum See hin maximal öffnet."

Urteil der Jury

Das Haus hat eine eindeutige Orientierung: zum See, wohin sonst. Zur Straßenseite mag es sich hermetisch, ja abweisend geben. Doch hier rauscht nicht nur der Verkehr, man muss auch akzeptieren, dass vermögende Bauherren ihren Wohlstand nicht schon im Vorgarten einsehbar ausbreiten wollen.

Wir akzeptieren also, dass hier keine repräsentative Herrschaftsfassade empfängt, sondern eine auf den ersten Blick schmucklose, bei genauerem Hinsehen aber höchst präzise Betonskulptur lagert, die mit sinnvollen Funktionen ausgestattet ist. Zum Seeufer ist die Fassade vollständig aufgeglast, man wohnt praktisch in seiner eigenen Gartenlandschaft.

Das Prinzip Einfamilienhaus wird erweitert durch eine abtrennbare Wohnung im zweiten Obergeschoss, was ein zweiter Treppenlauf ermöglicht. Damit lässt sich sowohl mit erwachsenen Kindern, Au-pair, Patchwork-Familie, Pflegepersonal oder Arbeitsräumen ein Haushalt neu definieren, man kann eine Wohnung auch vollständig abtrennen, wenn man sein Habitat verkleinern will – wer wann auch immer diese Entscheidung treffen mag.

Die Grundrisse sind vielfältig zu bespielen, die neutrale Anmutung der Räume gestattet jedwede Interpretation. Auf die zauberhafte, wertvolle Lage am Seeufer wurde mit einer langlebigen Architektur reagiert, als nachhaltig zählt nicht nur der Minergie-Standard.

Wolfgang Bachmann

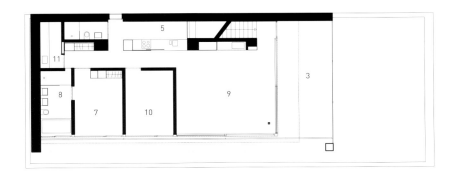

Dachgeschoss M 1:250

Gebäudedaten

Grundstücksgröße: 1.500 m²

Wohnfläche: 550 m²

Bauweise: massiv, Beton

Heizwärmebedarf und Primärenergiebedarf: entsprechen
Minergie-Standard

Fertigstellung: 2010

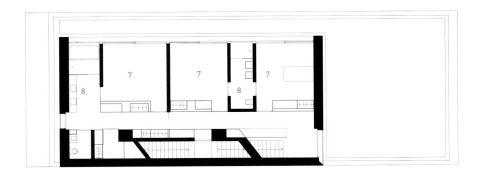

Obergeschoss M 1:250

**Steinstufen führen von außen zur
Treppenkaskade, die im 2. OG endet,
die Holzstufen reichen vom UG bis
ins 1.OG.**

**Das Elternbad ist taghell; es bietet
schier endlose Ablageflächen für
alle Kosmetikutensilien**

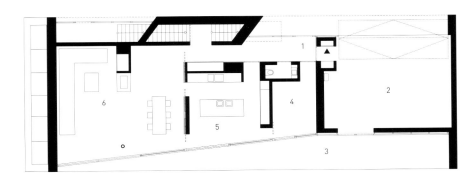

Erdgeschoss M 1:250

1 Zugang
2 Garage
3 Terrasse
4 Gäste
5 Kochen
6 Essen / Wohnen
7 Schlafen
8 Bad
9 Wohnen
10 Arbeiten
11 Ankleide

Lageplan

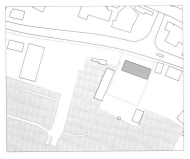

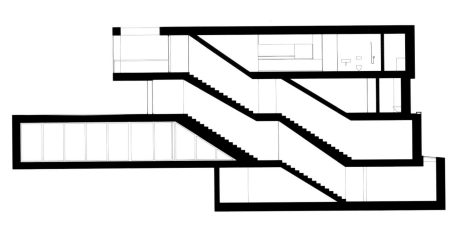

Schnitt M 1:250

BADEHAUS IN UNTERACH AM ATTERSEE

ARCHITEKTEN LUGER & MAUL

ANERKENNUNG

Eine ehemalige kleine Zimmererwerkstatt direkt am Ufer des Atter-sees wurde in ihren Umrissen für ein Bade- und Ferienhaus adaptiert, wobei die alten Dimensionen vom Neubau nicht überschritten werden durften. Die landschaftlich herausragende Lage mit Blick auf das von Bergen gesäumte Südostufer bestimmte die Architektur, die Wasser und Landschaft ins Haus holen und das Bauwerk selbst mit der Um-gebung in Einklang bringen sollte.

Eine 4,50 Meter hohe und 5 Meter breite Ladenöffnung zur Seeseite lässt sich durch einen Hebe-Schiebe-Mechanismus zur Hälfte aufklappen; sie zeigt Ausschnitte der Natur wie auf einer Bühne und bietet im Wechsel von Licht, Wind und Wetter eine Dramaturgie unter-schiedlicher Stimmungen.

Hinderlich bei der Planung war die Lage einerseits an der verkehrs-reichen Bundesstraße, andererseits in der Landschaftsschutzzone, wo jedes Bauvorhaben einer Sondergenehmigung bedarf. Zur Lärm-abwehr wurden zur Straßenseite die Nebenräume an die geschlosse-ne Außenwand gelegt. Damit das Gebäude nicht als Wohnhaus auf-

fällt, wurden die Fassaden mit einem senkrechten Lattenwerk umschlossen, das alle Öffnungen verbirgt bzw. durch eine Klapp-, Falt- oder Schiebemechanik freigibt.

Ohne Vorsprünge an Giebel und Traufe entsteht mit der umschließen-den Lattung ein archetypischer Hauskörper. Seine Oberflächen sind grau lasiert, so gelingt eine unaufdringliche Einbindung in die umge-bende Seelandschaft.

Nur schmucklos als reduzierte Ur-hütte, seine Wohnnutzung verber-gend, darf sich das Ferienhaus zur Straße zeigen.

Seebühne: Zwei bis unter die Traufe reichende Tore öffnen das Gehäuse zur Landschaft.

Eine Außensauna neben dem Eingang schützt die Terrasse am schmalen Grundstück zur Straße.

Der Grundriss erfüllt die wesentlichen Bedürfnisse für seine zwei Bewohner. Eine mit einer „Sambatreppe" erreichbare Schlafgalerie zoniert den Hauptraum, im Rücken der Terrasse liegt eine von außen zugängliche Sauna. Der Ausbau mit naturbelassenem Seekiefer-Schälfurniersperrholz und der Boden aus Lärchendielen vermitteln eine vertraute, warme Atmosphäre. Zwar wird das Häuschen noch vornehmlich als Sommerwohnung besucht, aber durch eine allseitig ausreichende Dämmung sowie elektrische Bodenheizung in den Nebenräumen und Kaminanschluss bzw. elektrische Heiz- und Kühl-geräte ist die Ganzjahresnutzung möglich.

Ein kleine Empore erweitert die bescheidene Nutzfläche bis unters Dach, der Blick auf den See erhöht die Wohnqualität.

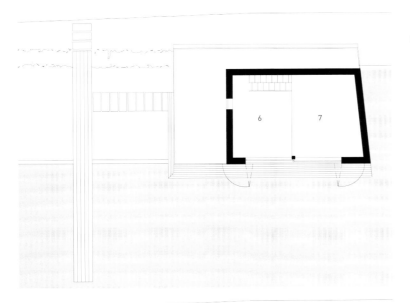

Obergeschoss M 1:200

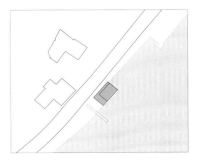

Lageplan

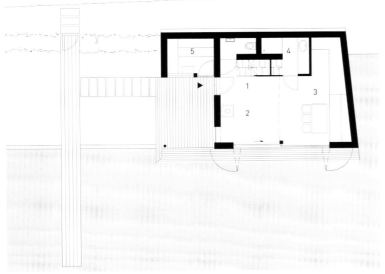

Erdgeschoss M 1:200

1 Zugang
2 Ruhe- und Gymnastikraum
3 Kochen / Essen
4 Bad
5 Sauna
6 Luftraum
7 Galerie

Gebäudedaten

Grundstücksgröße: 420 m²

Wohnfläche: 54 m²

Anzahl der Bewohner: 2

Bauweise: Holzriegel

Fertigstellung: 2010

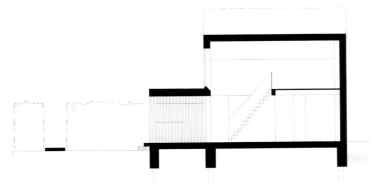

Schnitt M 1:200

Maximilian Luger, Franz Maul, A-Wels

„Eine ehemalige kleine Zimmererwerkstätte am Ufer des Attersees war unter Wahrung der Baukörperdimensionen für eine zeitgemäße Nutzung als Bade- und Freizeithaus zu adaptieren. Es galt, ein Blickbild von Wasser und Landschaft ins Haus zu holen, das in Einklang mit den räumlichen Strukturen des offenen zweigeschossigen Raumes steht."

SCHUTZHÜTTE IM LATERNSERTAL

MARTE.MARTE ARCHITEKTEN

ANERKENNUNG

Das kleine Haus mit der Anmutung einer Schutzhütte steht als erratisches Türmchen am steilen Hang eines trichterartigen Tals. Auffallend und zugleich bescheiden reckt es sich aus einer Senke am Waldsaum. Bis auf die Zufahrt wurde das Gelände nicht verändert.

Es steht wie ein Stadel in der Landschaft, homogen in Farbe und Material. Sparsam in den Abmessungen und bescheiden in der Ausstattung wurde jedoch größter Wert auf eine solide, präzise Detaillierung gelegt. Die tragenden Wände sind als zweischalige, kerngedämmte Betonkonstruktion ausgeführt, außen 3 Zentimeter tief gespitzt, innen glatt geschalt. Mit der aschfahlen Oberfläche kontrastiert die schwere Eingangstür aus Eichenholz, die anthrazitfarbenen Geländer passen zum Geäst des angrenzenden Walds. Die kleinen Fenster wirken wie eingestanzt und betonen die bergende Schutzfunktion des einzigartigen Hauskörpers.

Der vom Bauherrn gewünschte Freisitz benötigt keinen exponierten Zubau. Das Eingangsgeschoss ist auf zwei tragende Ecktürme (für Treppe und Abstellraum) reduziert. Zwischen ihnen bleibt eine wetter-

geschützte Terrasse mit Aus- und Durchblick, das Eintreten nach dem Aufstieg über die aus dem Baukörper ragende Treppe erhält eine Bedeutung. Zur Wohnebene geht es nach oben, in einen Raum mit zentralem Ofen, Küchentresen und Esstisch, dahinter Bank und Sofa. Die Schlafräume liegen unter der Terrasse, zwei knappe Zimmer, die ein Schrankmöbel teilt, ergänzt von einem Bad, das von einer kleinen Fensterscharte belichtet wird. Im untersten Geschoss gibt es neben einem Kellerabteil eine Sauna mit Wellnessausstattung. Hier steht ein weiterer Ofen. Die angenehme Grundtemperierung des Hauses wird über Erdwärme erreicht.

Ein rätselhaftes Bauwerk, eigentlich als private Skihütte gedacht, bietet sich das kleine Haus doch übers ganze Jahr als Rückzugsort für die Ferien an.

Die Fenster werden innen von breiten, über die Laibung reichenden Rahmenpassepartouts aus Eiche eingefasst. Sie lenken den Blick auf die herrschaftlichen Bergmassive, auf sanfte Hangschultern und dichten Wald. Außer den Betonoberflächen, den Böden, Türen und dem Mobiliar aus Eichenholz ergänzen Flächen aus Schwarzmetall den prosaischen Materialkanon. Sie geben dem Ferienhaus nichts unverbindlich Heiteres, sondern behaupten und sichern für Generationen einen Ort als Refugium – trotzen den Veränderungen durch Widrigkeiten von Klima und Natur.

Ein kantiger Ofen aus Schwarzmetall steht im Zentrum des Küche-Wohnzimmers.

Die geradlinigen Eichenholzeinbauten werden durch ein paar bäuerliche Trouvaillen ergänzt.

Der Skihang für Tiefschneefahrer führt direkt am Haus vorbei.

Ein Bauwerk als Zyklop oder Übersetzung des Binärcodes in Architektur? Der Ausblick auf das beherrschende Panorama der Berge wird durch die Fensterluken wie ein Geschenk angeboten.

Die geschützte Terrasse über dem Zugang trennt die obere Wohnebene von den Schlafräumen im Untergeschoss.

Die Nasszelle entspricht der kargen Architektur. Hier verweilt man nur zum Reinigen.

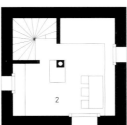

2. Obergeschoss M 1:200

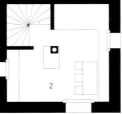

1. Obergeschoss M 1:200

Stefan Marte, Bernhard Marte, A-Weiler

„Perfektion ist nicht dann erreicht, wenn man nichts mehr hinzufügen,
sondern wenn man nichts mehr weglassen kann."

Antoine de Saint-Exupéry

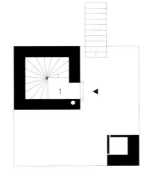

Erdgeschoss M 1:200

1 Zugang / Terrasse
2 Wohnen
3 Schlafen
4 Bad
5 Sauna / Wellness

Lageplan

Gebäudedaten

Grundstücksgröße: 487,5 m^2

Wohnfläche: 80 m^2

Zusätzliche Nutzfläche: 7 m^2

Anzahl der Bewohner: 2

Bauweise: Sichtbeton

Heizwärmebedarf: 48 kWh/m^{2}a

Fertigstellung: 2011

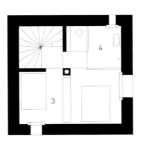

Untergeschoss M 1:200

Schnitt M 1:200

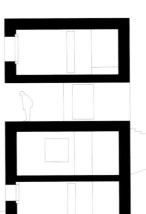

WOHNHAUS IN OBERÖSTERREICH

LP ARCHITEKTUR

ANERKENNUNG

Die Planung dieses Einfamilienhauses musste sich mit zwei Themen auseinandersetzen. Zum einen entstand kein vollständiger Neubau, weil auch die sanierte Bausubstanz eines größtenteils abgebrochenen Wohngebäudes adaptiert wurde, zum anderen sollte der Entwurf von seiner ausgezeichneten Lage in der Landschaft bestimmt werden.

Ursprünglich stand auf dem Grundstück ein Haus, das von einer ganz anderen, traditionellen Haltung geprägt war. Als sich herausstellte, dass die Standsicherheit des maroden Gebäudes nicht mehr gegeben war und erhebliche konstruktive und bauphysikalische Mängel nur mit hohem finanziellen Aufwand hätten behoben werden können, entschied sich der Bauherr für einen Neubau, für den bloß das seitlich gelegene Schwimmbad und das Untergeschoss erhalten blieben.

Im Mittelpunkt des Konzepts stand die Idee, die Hanglage des Grundstücks durch einen flach gestaffelten Baukörper zu betonen. Dieser formale Ansatz führte zu einem skulpturalen Gebäude, das durch Einschnitte mit der Landschaft räumlich verwoben ist. Die loggienartigen Rücksprünge, die in Größe und Lage auf die dahinterliegenden

Räume reagieren, sind mit Holz ausgeschlagen und markieren damit die Öffnung des Baukörpers.

Neben dem klassischen Raumprogramm eines Einfamilienhauses bestand der Wunsch nach unterschiedlichen, unkonventionellen Bereichen. Das Ankommen auf der oberen Ebene geschieht eher anonym. Seitlich der Garage, der ein Stahlgerüst als überdeckter Stellplatz vorgelagert ist, führt eine Außentreppe in ein zentral gelegenes Atrium hinunter. Es vermittelt zwischen innen und außen und bildet den Auftakt zu einem fließenden Raum, den man direkt hinter der Garderobe als offene Ebene zwischen Küche, Essplatz und dem zwei Stufen tiefer liegenden Wohnbereich erlebt. Von hier direkt erschlossen werden die privaten Räume, also ein großzügiges Bad mit An-

Eine Villa, die sich mit der Landschaft arrangiert und aus dem Hang zu wachsen scheint. Vom adaptierten Altbau ist außen nichts zu erkennen.

kleide und ein Schlafzimmer, das sich zur anderen Seite des Wohnraums mit einer Terrasse nach außen öffnet.

Über einen schmalen Flur mit Treppe erreicht man einen Meditationsraum im Obergeschoss; von dort sieht man über das Atrium bis zum Attersee. Im Untergeschoss befinden sich zwei Gästeappartements und als Schleuse zum sanierten Schwimmbad der Wellnessbereich.

Prägend sind zwei charakteristische Materialien: Beton und Weißtanne. Die Betonwände sind zweischalig mit Kerndämmung ausgeführt, die Außenflächen gestockt. Heizenergie kommt über eine Wärmepumpe, außerdem gibt es eine kontrollierte Wohnraumlüftung.

Ein Meditationsraum als schmales Obergeschoss bietet einen ruhigen Fernblick zum Attersee.

Der Eingang mit dem stählernen Carport hinter der Außentreppe wirkt eher anonym.

Von hier erreicht man als „Zwischenraum" vor der Haustür ein offenes Atrium mit einer Robinie.

Innen setzt sich die Architektur mit Sichtbeton und Eichendielen als verlässlicher Hintergrund fort.

Als solitäre Kanzel überragt der Meditationsraum das Haus.

Küche und Essplatz sind funktional getrennt, gehören aber formal zusammen. Der offene Wohnbereich liegt zwei Stufen tiefer.

Das Bad wird über die Terrasse natürlich belichtet. Die Ausstattung entspricht dem Bild der Gebäudearchitektur.

Tom Lechner, A-Altenmarkt

„Ziel des Projekts war es, selbstbewusst, aber respektvoll mit dem Ort in Dialog zu treten, um ein sinnstiftendes Ganzes zu erreichen."

Obergeschoss M 1:250

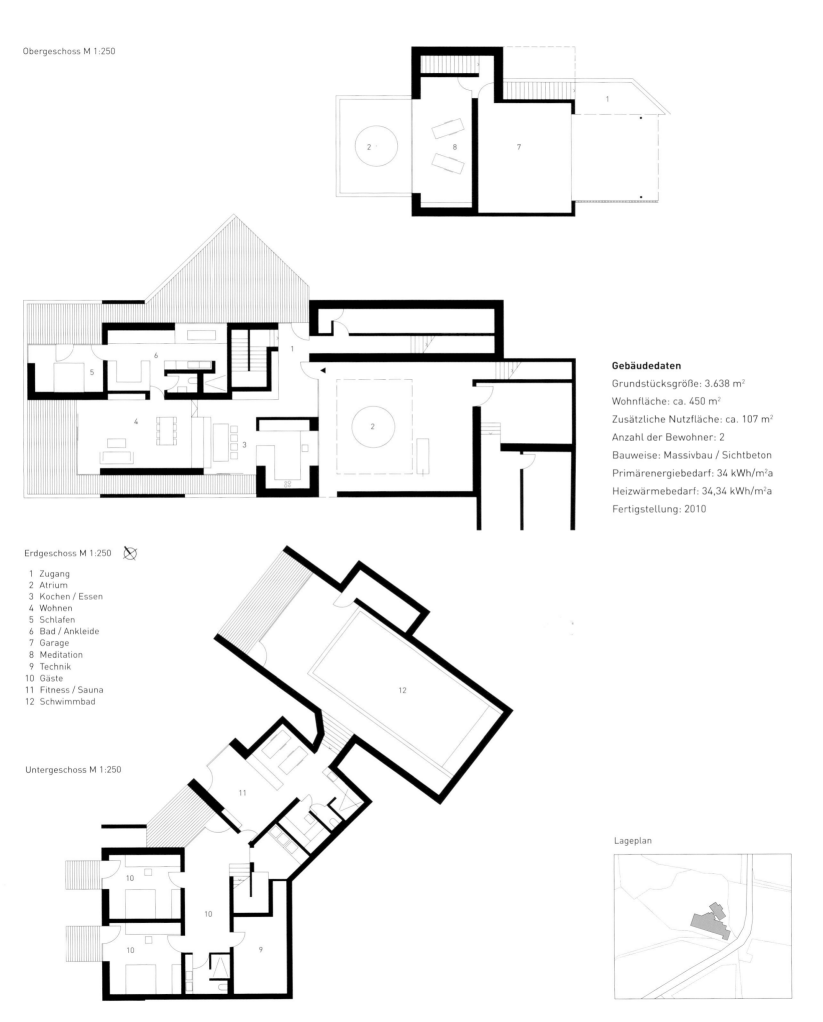

Gebäudedaten

Grundstücksgröße: 3.638 m²

Wohnfläche: ca. 450 m²

Zusätzliche Nutzfläche: ca. 107 m²

Anzahl der Bewohner: 2

Bauweise: Massivbau / Sichtbeton

Primärenergiebedarf: 34 kWh/m²a

Heizwärmebedarf: 34,34 kWh/m²a

Fertigstellung: 2010

Erdgeschoss M 1:250

1 Zugang
2 Atrium
3 Kochen / Essen
4 Wohnen
5 Schlafen
6 Bad / Ankleide
7 Garage
8 Meditation
9 Technik
10 Gäste
11 Fitness / Sauna
12 Schwimmbad

Untergeschoss M 1:250

Lageplan

STADTHAUS IN FRANKFURT AM MAIN

JO. FRANZKE ARCHITEKTEN

ANERKENNUNG

Das Frankfurter Nordend, ein im Krieg wenig zerstörtes Gründerzeitquartier, gehört zu den begehrtesten Wohnlagen der Stadt. Das Grundstück ist gerade mal 131 Quadratmeter groß. Hier galt es, höchste Qualität auf engstem Raum zu entwickeln, denn aufgrund nachbarschaftlicher Einwände durfte der fünfgeschossige Neubau nur 8 Meter in die Tiefe reichen. Dies führte dazu, die unterschiedlichen Wohnbereiche jeweils auf einer Ebene zu konzentrieren, das Einfamilienhaus findet also in der Vertikalen statt.

Der Eingang, an der Fassade durch einen Steinwinkel geschützt, liegt an der linken Flanke des Gebäudes. Sonst zeigt sich die Fassade aus präzise gefügtem Jurakalksandstein beinahe abweisend. Die Steinverkleidung setzt sich fort über Tür und Tor und gibt dem Anwesen etwas Hermetisches. Die massive Front ist durch schlanke, oblonge Fenster symmetrisch gegliedert, sie wird mittig von einem über vier Geschosse reichenden Erker beherrscht. Der kantige, über das Erdgeschoss auskragende Risalit ist auf jeder Ebene durch vier eng stehende Fensterschlitze geöffnet. Ihre nach unten abgeschrägten Solbänke lassen die Fassade leichter wirken und verbessern die Aussicht nach unten.

An das Entree grenzt ein kleiner Innenhof zur Gartenseite. Von diesem Vorraum führt eine eigene Treppe ins Untergeschoss zur Einliegerwohnung, die auf der Straßen- und Hofseite über gläserne Bodenflächen belichtet wird. Die Treppe zum Büro im ersten Stock liegt dem Aufzug gegenüber. In den folgenden Geschossen setzen sich die Stufen an der Straßenfassade über dem Eingang fort. Ihre halbe Wendelung, die ein elegant geschwungener Handlauf aus Kirschbaumholz begleitet, betont das auf die Vertikale ausgerichtete Entwurfskonzept. Zunächst kommt man im zweiten Obergeschoss zur Küche mit Küchenblock und einem großen Esstisch. Von hier reicht der Blick über dem Kamin 6 Meter nach oben, denn die dritte Ebene ist als offene Empore für Bibliothek und Sitzgruppe angelegt. Schlafzimmer und Bad belegen das vierte Obergeschoss, über dem nur noch eine Dachterrasse die unverbaute Sicht über die Dächer des Nordends zur Frankfurter Skyline bietet.

Auf den ersten Blick würde man kein Einfamilienhaus hinter der formal neutralen Fassade vermuten.

Das Haus versteht sich als Beitrag zu einer selbstbewussten städtischen Nachverdichtung. Der Charakter des Standorts wird durch die den Nachbarhäusern entsprechende Höhenentwicklung gewahrt, die eigenständige Materialwahl und die reduzierte Formensprache biedern sich aber nicht der gründerzeitlichen Umgebung an, sondern setzen ein deutliches Zeichen zeitgenössischer Architektur.

Linke Seite: Die Wohnebene als Empore ist über eine gläserne Brüstung mit dem Essplatz in Verbindung.

Der Wohnraum im dritten Obergeschoss wird von Bücherregalen gesäumt.

Im zweiten Obergeschoss kommt man bei Küche und Essplatz an.

Jo. Franzke, D-Frankfurt

„Die Stadt bedeutet Dichte. Das letzte unbebaute Grundstück in der Wielandstraße verlangte eine Entwurfslösung, die auf die geringe Grundstücksgröße reagiert, ohne dabei Dichte zu Enge werden zu lassen. Wir haben uns dieser Situation gern angenommen und, wie wir denken, ein besonderes, zugleich eigensinniges und dennoch zurückhaltendes Haus realisiert."

Vom Küchenerker aus hat man die Straße im Blick.

Die verputzte Rückfront wird von schlanken Balkonstegen begleitet.

Eine schmale Treppe mit einem handwerklich über alle Kanten geführten Handlauf aus Kirschbaumholz, der als geschwungene Linie die Vertikale betont.

4. Obergeschoss M 1:200

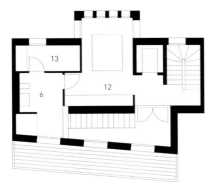

3. Obergeschoss M 1:200

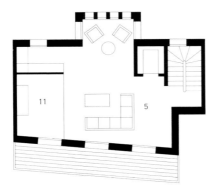

2. Obergeschoss M 1:200

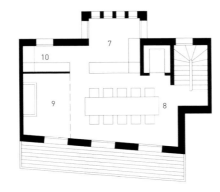

1. Obergeschoss M 1:200

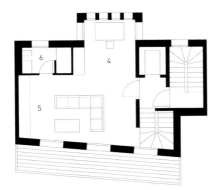

Erdgeschoss M 1:200

1 Zugang
2 Einliegerwohnung
3 Garage
4 Arbeiten
5 Wohnen
6 Bad
7 Kochen
8 Essen
9 Kaminzimmer
10 Abstellraum
11 Luftraum
12 Schlafen
13 Sauna

Lageplan

Gebäudedaten

Grundstücksgröße: 131 m²

Wohnfläche: 292,48 m²

Anzahl der Bewohner: 2

Bauweise: konventionell in Stahlbeton

Heizwärmebedarf: 43,12 kWh/m²a

Primärenergiebedarf: 79,89 kWh/m²a

Baukosten: 2,72 Mio Euro

Baukosten je m² Wohn-
und Nutzfläche: WF: ca. 8.900 Euro

NF: ca. 7.320 Euro

Fertigstellung: 2009

Schnit M 1:200

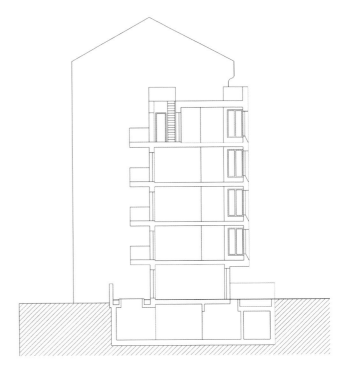

77

MINIHAUS BEI IDSTEIN

TRAUT ARCHITEKTEN

Eigentlich sind es zwei beinahe identische Häuser, die sich Familienangehörige auf einem nach dem Wohnungseigentumsrecht geteilten Grundstück zusammen gebaut haben. So genießt jeder die Vorteile eines frei stehenden Einfamilienhauses, und dennoch wurden Dichte erreicht und der Aufwand reduziert. Die Häuser stehen in einem heterogenen Umfeld mit geneigten Dächern; Mehrfamilienhäuser und ein Wohnhochhaus bilden die unmittelbare Nachbarschaft. Sie sind die typische Ausdrucksform der Nachkriegsarchitektur.

Das Grundstück, eine Baulücke, war ursprünglich als Parkplatz vorgesehen. Die Baukörper mit einer knappen Grundfläche von 32 Quadratmetern leiten sich her aus der schmalen Parzelle, ihrer besten Ausnutzung und der hinteren Baugrenze. Die Architektur ist geprägt von einfachen Materialien und unauffälliger Detaillierung, außen wie innen. Die Fassaden sind weiß verputzt, Basaltblöcke gliedern den Garten. Diese Reduktion erlaubte eine kostengünstige Realisierung. Der Eingang liegt jeweils an der seitlichen Giebelseite der mit einem Pultdach abschließenden Häuser.

Das hier gezeigte hintere Haus ist vertikal über vier Ebenen organisiert, eine offene einläufige Stahl-Holz-Treppe mit transparenter Wange aus Acrylglas verbindet die Geschosse als einziges gliederndes Architekturelement. Die Wohnräume orientieren sich zum Garten hin nach Süden, hohe Fenstertüren lassen sie größer erscheinen. Die Ebenen sind funktional nicht festgelegt und können frei interpretiert werden. So ist bei einem der Häuser sogar im natürlich belichteten Untergeschoss ein Arbeitszimmer eingerichtet, im Erdgeschoss betritt man ohne Vorraum den Küchen-/Wohn-/Essbereich, darüber folgen ein Schlafraum mit gemütlichem Bad und unter der Dachschräge ein weiteres kleines Zimmer.

Die beiden minimalistischen, kostengünstigen Häuser sind mit ihrer kompakten Baumasse und der passiven Sonnennutzung von Süden auch Beispiele für Niedrigenergiegebäude.

Klein, aber mein: Die beiden Häuser, die sich nur wenig voneinander unterscheiden, wurden gleichzeitig auf einem Restgrundstück errichtet.

Alle Wohnfunktionen werden bescheiden erfüllt, jedes Geschoss dient anderen Funktionen.

Der schmale Garten ist mit Basaltblöcken gestaltet, der Ruderalwuchs passt zu den schlichten Architekturdetails.

Dachgeschoss M 1:200

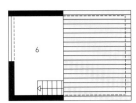

Gebäudedaten

Grundstücksgröße: 220 m²

Wohnfläche: 72 m²

Zusätzliche Nutzfläche: 3 m²

Anzahl der Bewohner: 2-3

Bauweise: massiv

Heizwärmebedarf: 109 kWh/m²a

Primärenergiebedarf: 65 kWh/m²a

Baukosten: 124.000 Euro

Baukosten je m² Wohn-

und Nutzfläche: 1.653 Euro

Fertigstellung: 2009

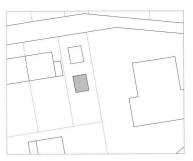

Lageplan

Obergeschoss M 1:200

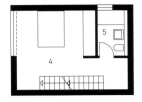

Erdgeschoss M 1:200

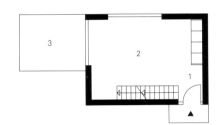

Untergeschoss M 1:200

1 Zugang
2 Kochen / Essen
3 Terrasse
4 Schlafen
5 Bad
6 Arbeiten / Gast
7 Keller
8 Technik

Schnitt M 1:200

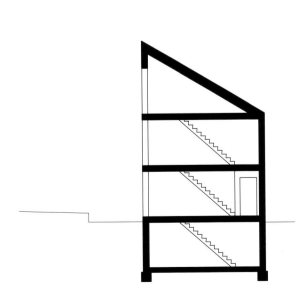

Christine Pietsch, Michael Traut, D-Bad Camberg

„Das kleine Einfamilienhaus steht als abstrakter, architektonischer Urtypus in einem heterogenen baulichen Umfeld."

EINFAMILIENHAUS MIT OBSTGARTEN

K_M ARCHITEKTUR

Ein Obstbaubetrieb hat seinen Hof aus dem engen Dorfzentrum an den Ortsrand verlegt. Bei dieser Gelegenheit wurde für die Familie des Landwirts etwas abseits des neuen Wirtschaftsgebäudes auch ein neues Wohnhaus errichtet.

Dessen lang gestreckter eingeschossiger Baukörper scheint über dem flachen Wiesengrund zu schweben. Die Bodenplatte ist leicht angehoben, als möchte sie den gewachsenen Grund nicht berühren. Das Pultdach öffnet sich nach Süden, es ist wie die Eingangsfassade im Norden und die Sichtkante der Bodenplatte mit Kupfer verkleidet, sodass zwischen den weit hervortretenden Terrassen und Dachrändern eine erkennbar schützende Hülle entsteht. Die Fassaden nach Osten, Süden und Westen sind raumhoch verglast. Dadurch wird das Haus von der Sonne ideal belichtet und passiv mit Wärme versorgt.

Der Eingang ist tief eingeschnitten, daneben gibt es noch eine separate Schmutzschleuse über den Hauswirtschaftsraum, wenn man von der Arbeit im Obstgarten zurückkommt. Der Dielenbereich ist hier verglast, um auch von der Küche den rückwärtigen Hof im Blick zu haben. Kochen, Essen und Wohnen bilden als offener Raum den Abschluss des Hauses nach Südwesten, von hier führt ein mittiger Flur an Büro, Kinder- und Gästezimmer vorbei zum Elternschlafzimmer an der Ostseite. Eine Schiebetür trennt an der Garderobe diesen Weg zu den privateren Räumen ab. Ein schmales Lichtband löst in der Elternzone das Dach von der Außenwand und holt die Morgensonne herein.

Völlig losgelöst. Das eingeschossige Haus schwebt fast über der Botanik. Die Kupferrahmung und der Rhythmus der einheitlichen Glasfassaden geben Ruhe. In der Seitenansicht klärt sich die Idee. Hier erkennt man das sich nach Süden öffnende Profil, die Terrassen werden vom Dachvorsprung geschützt.

Die dreiseitig umlaufende Terrasse verbindet nahtlos Innen- und Außenräume, sie erweitert die Wohnflächen und ergibt zusammen mit dem Rhythmus der Glasfassaden eine einheitliche, ruhige Architektur. Das über das Niveau angehobene Haus bietet über die sich im Jahreslauf verändernden Obstplantagen einen Ausblick bis zu den Alpen, aus einiger Entfernung ist dagegen nur die Dachkante auszumachen.

Versorgt wird es von einer Fernwärmeheizung aus dem benachbarten Wirtschaftsgebäude, dort wird das anfallende Holz der Obstbäume verfeuert. Diese Energieversorgung wird von einer Photovoltaikanlage und einem Holzofen im Wohnraum ergänzt.

Die privaten Räume reihen sich an einen langen Flur, außen begleitet eine Terrasse. Durch Holzboden und -decke wirken die Räume wie ein umschließendes Möbel.

Essplatz und Küche sind zum Wohnraum hin offen, ein Holzofen sorgt
für Atmosphäre und Wärme.

Ganz oben: Auch das Bad wirkt durch das „Sideboard" unter dem Waschbecken fast wie ein Wohnraum.

Der Eingang liegt tief eingezogen im Norden, die Kupferfassade setzt sich an allen Seiten als Rahmen fort.

Das auskragende Dach, unter dem sich die Holzverkleidung fortsetzt, vergrößert den Schlafraum optisch.

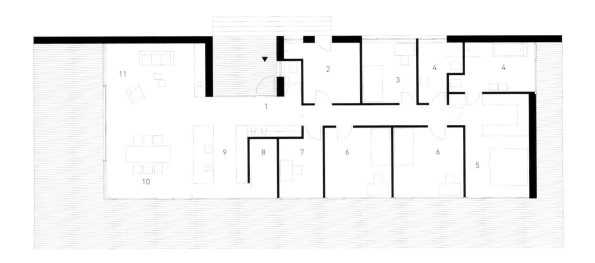

1 Zugang
2 Hauswirtschaft
3 Gast
4 Bad
5 Schlafen / Ankleide
6 Kind
7 Arbeiten
8 Vorräte
9 Kochen
10 Essen
11 Wohnen

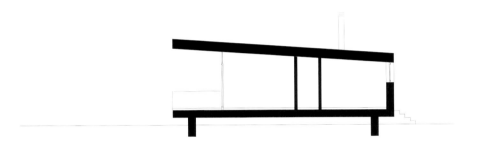

Schnitt M 1:200

Gebäudedaten

Grundstücksgröße: 1.134 m²

Wohnfläche: 174 m²

Zusätzliche Nutzfläche: 130 m²

Anzahl der Bewohner: 4

Bauweise: massiv, Holz-Element-Bauweise

Primärenergiebedarf: 35 kWh/m²a

Fertigstellung: 2010

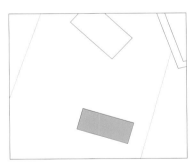

Lageplan

Daniel Sauter, A-Bregenz

„Nach anfänglichen Schwierigkeiten aller Art hat sich schlussendlich dann doch alles zum Besten gefügt."

VILLA BEI GRAZ

LOVE ARCHITECTURE AND URBANISM

Das Grundstück, ein relativ steiler Hang, bietet einen grandiosen Ausblick über die Stadt. Dieses Panorama hat den Entwurf maßgeblich bestimmt. Außerdem sollte eine direkte Verbindung zwischen den Wohnräumen und dem Garten bestehen, zwei Kriterien, die sich widersprechen, da man mit der Höhe die beste Aussicht gewinnt.

Die paradoxen Anforderungen ließen sich mit diesem Entwurf jedoch geschickt vermitteln. Im Eingangsgeschoss mit separatem Zugang wurden die Arztpraxis der Hausherrin und alle Nebenräume untergebracht, die obere aussichtsreiche Ebene nimmt alle Wohn- und Schlafräume auf. Der Außenbezug wird durch großzügige Terrassen hergestellt, sie begleiten und erweitern den Wohnraum und die Kinderzimmer nach Süden und Westen, von hier führt eine breite Holztreppe mit Sitzstufen hinunter in den Garten. Das Elternschlafzimmer erhielt einen etwas privateren Freisitz nach Osten.

Die Architektur bringt Wohnräume und Natur zusammen. Dies wird auch unterstützt durch die freie Richtung des Gebäudeumrisses, der den schiefwinkligen Fluchten der Parzelle folgt. Dies ergab sich,

weil das Haus wegen der Aussicht so weit wie möglich an der oberen Grundstücksgrenze stehen sollte. Dazu gehört auch die formale Fortsetzung mit dem Gartenpool, der als holzverkleidetes Bauwerk mit der Außentreppe korrespondiert, gleichzeitig das Areal begrenzt und in der Höhe an den Carport anschließt. Dadurch entsteht ein eindeutig lesbarer Abschluss der offenen Hangsituation.

Das Haus ist als massiver Ziegelbau mit einem Wärmedämmverbundsystem versehen. Zur Wärmeversorgung dient eine Pelletheizung.

Die Architektur erinnert an Pavillonbauten aus den Fünfzigerjahren. Hier folgt sie der konsequenten Einbindung in die Gartenlandschaft. Die Praxis im Untergeschoss stemmt die Wohnetage über das aussichtsreiche Hanggrundstück.

Vor dem Wohnraum breitet sich
das Panorama der Stadt aus.

Terrassen zu jeder Seite und
eine breite Treppenstaffel mit
Sitzstufen verbinden die Räume
mit dem Garten.

Das Elternschlafzimmer erhielt eine
eigene Terrasse nach Osten.

Erdgeschoss M 1:200

1 Zugang
2 Lager
3 Technik
4 Ordination
5 Abstellraum
6 Garage
7 Terrasse
8 Wohnen / Essen
9 Kochen
10 Kind
11 Bad
12 Eltern

Das Bad öffnet sich zu einem geschützten Gartenhof, den man aus der Badewanne auf Augenhöhe erlebt.

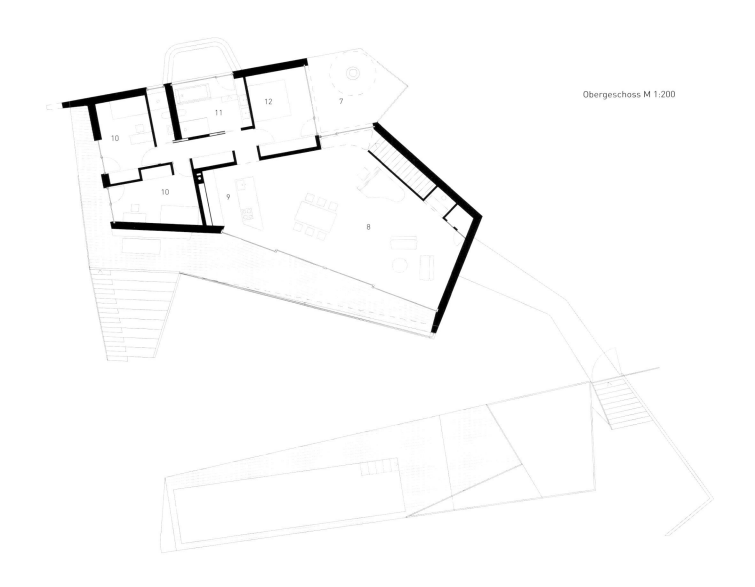

Gebäudedaten

Grundstücksgröße: 855 m²

Wohnfläche: 180 m²

Zusätzliche Nutzfläche: 20 m²

Anzahl der Bewohner: 3

Bauweise: massiv

Heizwärmebedarf: 41 kWh/m²a

Baukosten: 450.000 Euro

Baukosten je m² Wohn-
und Nutzfläche: 2.250 Euro

Fertigstellung: 2011

Lageplan

Bernhard Schönherr, Mark Jenewein, Herwig Kleinhapl, A-Graz

„Das ganze Gebäude richtet sich nach dem einzigartigen Ausblick über Graz ... Um den Garten wieder zum Haus zu holen, gibt es die breite Frei- und Sitztreppe. Dadurch entsteht ein fast barockes Ensemble aus einem Gebäude auf einer Anhöhe mit Treppe davor; ein Spiel aus reeller und gefühlter Distanz und Nähe."

UMBAU EINER REMISE IN BERLIN

ROEDIG SCHOP ARCHITEKTEN

Das Grundstück in der Kollwitzstraße liegt im Hof eines geschlossenen Blockrands aus sechsgeschossigen Gründerzeitbauten. Seit 1995 steht hier im Sanierungsgebiet das Ensemble einer ehemaligen Brauerei mit Remise unter Denkmalschutz.

Der Umbau zu einem Wohnhaus machte es notwendig, Licht und Luft in den 7 Meter tiefen, einseitig orientierten Baukörper zu bringen. Dazu wurde das stark beschädigte Dach erneuert und als „fünfte Fassade" durch drei großformatige Dachflächenfenster geöffnet. Die verbleibende Fläche ist extensiv begrünt. Nun fällt das Tageslicht über die Treppe bis ins Erdgeschoss. Außerdem wurde unterhalb des um 70 Zentimeter über die Traufe angehobenen Dachs ein schimmerndes Lichtband eingezogen.

Die alte Ziegelfassade zum Hof wurde behutsam saniert und von innen gedämmt, um außen die historische Patina zu erhalten. Anstelle des ehemaligen Lastenaufzugs markiert ein zweigeschossiges Glaselement den neuen Eingang. Dieses Portal und das Lichtband wurden als neue Ergänzungen mit einer dunkelgrauen Beschichtung deutlich vom Bestand abgesetzt.

Für die Durchlüftung sorgt ein im Obergeschoss ausgespartes Atrium, das zugleich einen intimen Außenraum bietet. Spuren der Zeit sind auch im Innenraum erhalten. Die gefliesten Wände wurden gesäubert, andere gespachtelt oder gestrichen. Der geschliffene Estrich korrespondiert mit dem industriellen Charakter des alten Gewerbebaus.

Auf 200 Quadratmeter Wohnfläche bietet die ehemalige Remise im Erdgeschoss einen offenen Grundriss für Wohnküche, Wohnzimmer und einen Arbeitsraum, im Obergeschoss folgen drei abgeschlossene Zimmer neben einer Art Lesegalerie und dem erwähnten Atrium. Im Keller sind Haustechnik und Lagerfläche vorgesehen.

Die Hoffassade zeigt ungeniert die Altersspuren der Zeit. Das neue Stahlportal und die angehobene Dachkante sind deutlich abgesetzt.

Der Lesewinkel neben dem Atrium; auch hier kapriziert sich der ehemalige Gewerbeschuppen mit erhaltenen konstruktiven Details.

Vor allem musste Licht in die ehemalige Brauerei-Remise gebracht werden. Drei große Öffnungen im Dach, ein Atrium und eine breit ausgesparte Treppe waren die Voraussetzung für zeitgemäße Wohnkultur.

Im Obergeschoss gibt es drei abgeschlossene Zimmer. Über den alten Fensteröffnungen bringt ein neues Glasband Höhe, Licht und Indizien, dass man in der Gegenwart angekommen ist.

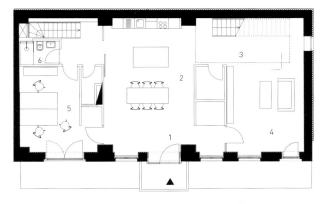

Erdgeschoss M 1:200

1 Zugang
2 Kochen / Essen
3 Luftraum
4 Wohnen
5 Arbeiten
6 Bad
7 Kind
8 Eltern
9 Atrium

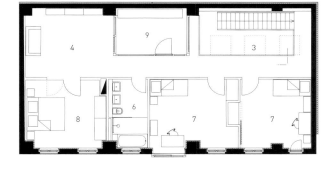

Obergeschoss M 1:200

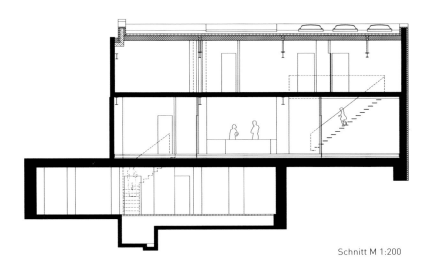

Schnitt M 1:200

Gebäudedaten

Grundstücksgröße: 953 m²

Wohnfläche: 200 m²

Zusätzliche Nutzfläche: 27 m²

Anzahl der Bewohner: 4

Bauweise: Bestand – Mauerwerk,
Neu – Stahlbeton, Holzdach

Heizwärmebedarf: 25,34 kWh/m²a

Primärenergiebedarf: 37,12 kWh/m²a

Baukosten: 342.000 Euro

Baukosten je m² Wohn-
und Nutzfläche: 1.506 Euro

Fertigstellung: 2010

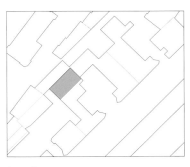

Lageplan

Christoph Roedig und Ulrich Schop, D-Berlin

„Da steckt irrsinnig viel Arbeit drin! Als Architekten hatten wir sogar
schon den Abriss des Gebäudes erwogen – aber es war schon zu spät:
Die Bauherren hatten sich bereits in die marode Remise verliebt."

HOLZHAUS IN STUTTGART

SCHLUDE ARCHITEKTEN

Am Rand der von Richard Döcker geplanten Kochenhof-Siedlung im Stuttgarter Norden liegt dieses eigenwillig zugeschnittene, 360 Quadratmeter große Eckgrundstück. Es folgt der für die Stadt typischen bewegten Topografie und fällt nach Nordosten ab, was baurechtlich vorteilhaft für ein zusätzliches Gartengeschoss ausgenutzt werden konnte. So ließ sich der umbaute Raum des kompakten Hauses vergrößern.

Gewohnt wird nun auf vier Ebenen, jede erhält ihren eigenen Charakter. Das Gartengeschoss stellt die Verbindung zum lang gestreckten Grünteppich des schmalen Grundstücks her, im Erd- und Obergeschoss lebt es sich wie in einem Baumhaus über dem Gelände, unterm Dach reicht die Aussicht bei Tag bis ins Neckartal, und nachts gibt die Schrägverglasung den Blick in den Sternenhimmel frei.

Trotz des knappen Umrisses erhält jeder Raum durch die kalkulierten Öffnungen seine eigene Charakteristik und wirkt durch die Einbeziehung des Außenraums großzügig. Selbstbewusst präsentiert sich das kantige Holzgehäuse als Eckhaus und zeigt, dass Nachverdichten selbst auf schwierigen Restflächen möglich ist.

Das Material Holz prägt das Gebäude durch ein Spiel von Licht und Schatten. Sowohl die Verschalung mit ihren Schraffuren als auch die deutlichen, durch geschosshohe, schmale Ladenfelder wandelbaren Öffnungen geben den Fassaden Profil. Die auf Fuge gesetzten vertikalen Latten umhüllen den Baukörper feingliedrig und bilden über den Glasflächen einen idealen Blick- und Blendschutz, der das Haus bei Nacht warm und geheimnisvoll leuchten lässt. Auch die Dachfläche als fünfte Fassade ist sorgfältig detailliert, hier setzt eine Aluminiumwellen-Deckung die Linienführung fort.

Innen bestimmen weiße glatte Flächen den Raum, lediglich die Treppenwand wirkt mit ihrer roten Farbgebung wie ein markantes Signal.

Die Straßenfront lässt sich durch geschosshohe Fensterläden abschirmen.

Der seitliche Eingang wird durch ein überhohes Portal akzentuiert, der schmale Betonsteg betont den privaten Weg.

Die Gartenseite wendet sich nach Nordosten. Das tiefer liegende Wohnzimmer wird von einer Bepflanzung vor neugierigen Blicken geschützt.

Das Gebäude ist als hochgedämmte Holzrahmenkonstruktion errichtet, die EnEV wird um über 20 Prozent unterschritten. Dazu trägt die minimierte Außenoberfläche bei. Eine Wärmepumpe mit zwei 100 Meter in die Tiefe reichenden Erdsonden versorgt eine Fußbodenheizung und senkt im Sommer die Temperatur.

Am Essplatz fühlt man sich wie in einem Baumhaus aufgehoben. Der Leistenparavent schirmt das Treppenhaus ab.

Martina Schlude, D-Stuttgart

„Nachverdichtung – kompakter Baukörper – extrem schmales Restgrundstück – keine fossilen Brennstoffe – hoher Vorfertigungsgrad – Nachhaltigkeit durch Werkstoff Holz."

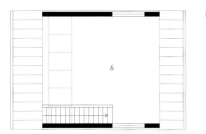

Dachgeschoss M 1:200

Obergeschoss M 1:200

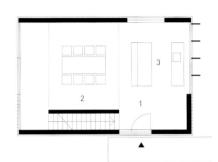

Eingangsgeschoss M 1:200

1 Eingang
2 Essen
3 Kochen
4 Schlafen
5 Bad
6 Wohnen
7 Technik
8 Lager

Gartengeschoss M 1:200

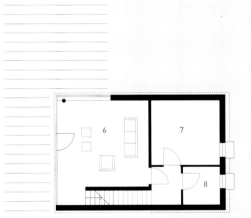

Gebäudedaten

Grundstücksgröße: 365 m²

Wohnfläche: 160 m²

Zusätzl. Nutzfläche: 25 m²

Anzahl der Bewohner: 2

Bauweise: Keller: Stahlbeton

Haus in vorgefertigter Holzständerbauweise

Heizwärmebedarf: 11,8 kWh/m²a

Primärenergiebedarf: 72,1 kWh/m²a

Fertigstellung: 2009

Schnitt M 1:200

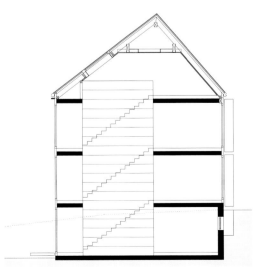

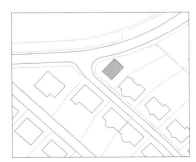

Lageplan

ZWEI HÄUSER IN HOHENECKEN

ARCHITEKTURBÜRO SCHEDER

Im Kaiserslauterer Stadtteil Hohenecken schließen diese beiden kleinen schwarzen Häuser eine Baulücke im alten Dorfkern. Ihre Lage und ihr Volumen werden durch Städtebau, Hanglage, Abstandsflächen und Erschließung bestimmt. So fügen sie sich ganz selbstverständlich in die Topografie und das Dorfbild.

Auf der gegenüberliegenden Talseite befinden sich mehrere historische Bauwerke, die bei Nacht illuminiert werden. Die Burgruine Hohenecken aus dem 12. Jahrhundert, die Rochuskapelle von 1748 und die Pfarrkirche St. Rochus von 1896 bilden dort eine sehenswerte Kulisse. Um diesen Ausblick genießen zu können, wurde die Raumaufteilung eines typischen Einfamilienhauses umgekehrt. Im Obergeschoss, mit der besten Aussicht, liegen Küche und Wohnbereich, darunter die nutzungsneutralen Zimmer und das Bad. Die Fenster sind so angeordnet, dass sie wie Bilder den Blick in die Umgebung rahmen.

Der Grundriss beider Häuser wird durch eine mittige Treppe geteilt und zoniert. Zur Abtrennung der Räume und als Absturzsicherung für die Treppe dienen transluzente Polycarbonat-Stegplatten. Dadurch gelangt Tageslicht aus allen Himmelsrichtungen in die Zimmer und macht ihre Grenzen fließend. Im Bad sind die Kammern der Platten versiegelt. Auf dem Boden liegen Eichendielen.

Mögliche Nutzer der beiden Mietshäuser sind Singles, Paare und kleine Familien. Für sie bieten die schwarzen Solitäre eine attraktive Alternative zum konventionellen Geschosswohnungsbau und zu großen Einfamilienhäusern. Sie stehen auf einem gemeinsamen Grundstück, das im Fall eines möglichen Eigentümerwechsels auch geteilt werden kann.

Auch Nachverdichtung und gemeinsames Bauen, dazu die Entscheidung für eine vorgefertigte Holzkonstruktion gehören zu den Kriterien von Ressourceneffektivität. Städtebaulich fügen sich die beiden Häuser in das gewachsene heterogene Dorfbild.

Der Eingang beider Häuser liegt auf der mittleren Ebene, die Wohnräume unterm Dach, um die imposante Aussicht zur gegenüberliegenden Talseite genießen zu können.

Die Primärkonstruktion besteht aus vorgefertigten Holzrahmenwänden und Bettsperrholzdecken. Für beide Häuser wurde das Material gleichzeitig geliefert und innerhalb von zwei Tagen montiert. Ausschlaggebend für diese Bauweise waren neben der kurzen Bauzeit vor allem wirtschaftliche und energetische Aspekte. Die sägerauen Douglasie-Bretter der Fassaden sind mit einer Lasur aus Leinöl und schwarzem Pigment gestrichen. Das Dach ist mit einer zweilagigen Bitumenbahn gedeckt, die Fallrohre der Rinne verschwinden hinter der Schalung. Zur Wärmeversorgung dient eine Erdgasheizung mit moderner Brennwerttechnik.

Die Fenster reichen weit herunter. Wenn man bei schönem Wetter die Tür öffnet, erlebt man den Innenraum wie eine geräumige Loggia.

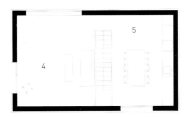

2. Obergeschoss M 1:200

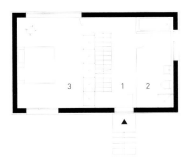

1. Obergeschoss M 1:200

Erdgeschoss M 1:200

1 Zugang
2 Bad
3 Schlafen
4 Wohnen
5 Kochen / Essen
6 Arbeiten

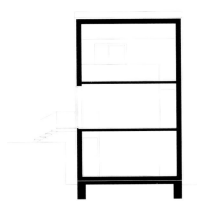

Schnitt M 1:200

Die Raumtrennwände (siehe Grundriss links) sind aus Polycarbonat-
Tafeln hergestellt. Die geringere
Schalldämmung wird für die ange-
strebte jüngere Zielgruppe in Kauf
genommen.

Prof. Peter Scheder und Jonathan Scheder, D-Stelzenberg

„Nachverdichtung auf kleinem Grundstück, kostengünstiges Bauen
mit vorgefertigtem Holzrahmenbau und Brettsperrholzdecken, Trenn-
wände aus transluzenten Polycarbonat-Stegplatten, flexible Raumaufteilung."

Lageplan

Gebäudedaten

Grundstücksgröße: 450 m²

Wohnfläche: 117,5 m²

Anzahl der Bewohner: 1–3

Bauweise: Holzrahmenbauweise

Heizwärmebedarf: 65 kWh/m²a

Primärenergiebedarf: 90 kWh/m²a

Baukosten: 135.000 Euro

Baukosten je m² Wohn-
und Nutzfläche: 1.150 Euro

Fertigstellung: 2011

RESIDENZ IN KÜSNACHT

KÄFERSTEIN & MEISTER

Ein schnelles Urteil nach formalästhetischen Kriterien würde diesem Haus nicht gerecht. Die Schweizer Zeitschrift *Werk, Bauen und Wohnen* führte dazu aus, es müsse „im Spannungsfeld von Zeitgeist und baukultureller Kontinuität gedeutet" werden.

Dass es an die Landhäuser von Edwin Lutyens erinnert, ist kein Zufall, sind doch die Auftraggeber biografisch mit dem indischen Kulturraum verbunden. Denn Lutyens hat nicht nur in England und Irland gebaut, sondern ist auch für den Entwurf von Neu-Delhi und dort für viele Kolonialvillen verantwortlich.

Das Haus in Küsnacht steht auf einem Hang, dessen Gefälle die unterschiedlichen inneren Ebenen aufnehmen. Durch die doppelten Treppen entsteht eine spannungsvolle Promenade, die man als Metaphorik einer Stadt lesen kann. Die Außenwände sind 60 Zentimeter massiv gemauert, die wehrhaft, fast abweisend wirkende Fassade schließt mit einer 10 Zentimeter dicken Muschelkalk-Verkleidung ab. An der Südwestseite erhält der harsche Umriss eine weiche Kontur für eine geschützte Terrasse vor Esszimmer und Wohnraum.

Der Eingang mit der sich vom grauen Stein-Passepartout abhebenden Eschenholztür liegt an der Nordseite. Nach der Diele erlebt man die abwärts gestaffelten Gesellschafts- und Wohnräume, die eine raffinierte architektonische Erfahrung bieten, wie sie sich von außen bereits angedeutet hat.

Das Raumkontinuum wird von währschaften, soliden Materialien begleitet, von Putz, Keramik, Muschelkalk und unterschiedlichen Holzarten. Der gesamte Innenausbau umgibt die Bewohner dabei wie ein großes Möbel, dessen Funktionen eindeutig ablesbar sind.

Die Westansicht erinnert an einen Außenposten englischer Landhausarchitektur aus dem 19. Jahrhundert.

Die Eingangsfassade mit ihren sorgfältig vermauerten flachen Stein-
ornamenten lässt nicht sofort ein
Wohnhaus vermuten.

Auf dem Weg zu den Schlafräumen
beruhigt die Architektur mit gera-
den Linien und weißen Anstrichen.

Über Türen und Läden kann man
sich bei Bedarf der Essenszuberei-
tung beratend anschließen – oder
durch die Stabgitter nur andeutungsweise dabei sein.

Räumlicher Angelpunkt des Hauses ist die mehrgeschossige Halle über der Küche, die von einer umlaufenden Treppe und Wandschränken gesäumt wird. Zunächst erreicht man auf der nächsten Ebene ein Kaminzimmer, aus dem man wie durch eine stabbewehrte Mashrabiya (ein dekorativer, im Nahen Osten populärer Holzladen) nach unten schauen kann. Vorbei am Elternschlafzimmer führt die Treppe zu einer wannenartig in das Gebäudevolumen eingesenkten Dachterrasse. Kinder- und Gästezimmer liegen nach Osten, sie sind über eine eigene Schachttreppe erschlossen.

Das Kaminzimmer lässt sich abschließen, kann aber auch als informelles Treppenpodest zwischen Küche und Schlaftrakt dienen.

Für den Ausbau wurden verschiedene Holzarten verwendet. Die funktionalen Einbauten setzen die Architektur fort und stehen nicht herum.

Mit der Küche als Angelpunkt der gestaffelten Wegefolgen bleibt man durch eine umlaufende Treppe immer verbunden. Darüber öffnet sich ein 8 Meter hohes, sakral wirkendes „Raummöbel".

Johannes Käferstein, Urs Meister, CH-Zürich

„Wir suchen die Masse der Wand, das stehende Fenster, seidenes Licht und die Qualität des Schattens."

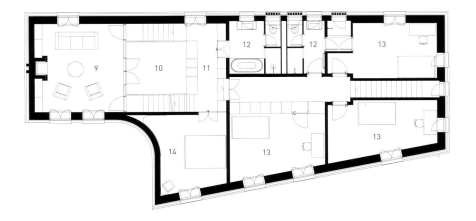

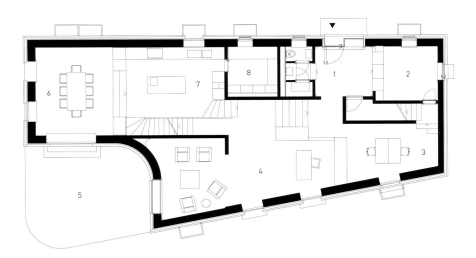

Erdgeschoss M 1:200

1 Zugang
2 Garderobe
3 Arbeiten
4 Wohnen
5 Terrasse
6 Essen
7 Kochen
8 Vorräte
9 Kaminzimmer
10 Luftraum Küche
11 Ankleide
12 Bad
13 Kind
14 Eltern
15 Werkraum
16 Waschküche
17 Technik
18 Keller
19 Weinkeller
20 Gäste

Untergeschoss M 1:200

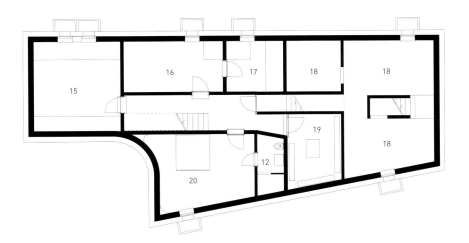

Gebäudedaten

Grundstücksgröße: 875 m²

Wohnfläche: 300 m²

Zusätzliche Nutzfläche: 105 m²

Anzahl der Bewohner: 5

Bauweise: massiv

Heizwärmebedarf: 24,60 kWh/m²a

Fertigstellung: 2011

Schnitt ohne Maßstab

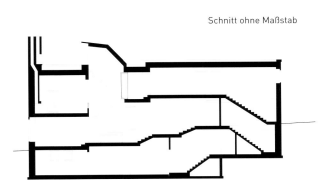

Lageplan

HOFHAUS BEI SULZ

BERNARDO BADER

Das typische Vorarlberger Einfamilienhaus im Rheintal besetzt mittig ein Grundstück und hält nach allen Seiten einige Meter Restabstand, der durch gärtnerisches Zutun einmal einen nicht einsehbaren Freibereich ergeben soll.

Dieses Haus bietet eine architektonische Alternative. Der hohe Wohnwert eines abgeschlossenen, blickdichten Gartens auf dem kleinen Grundstück wird durch die Typologie „Hofhaus" erreicht. Der Bauplatz liegt als ebene Fläche in einem eng parzellierten zukünftigen Siedlungsgebiet am Ortsrand von Sulz, wo die Bebauung allmählich in eine landwirtschaftlich genutzte Grünzone übergeht.

Das teilunterkellerte Haus verfügt über zwei Wohngeschosse. Ebenerdig schließt rechtwinklig im Nordosten an Garage und Nebenräume ein querliegender Großraum für Kochen, Essen und Wohnen an. Beide Stirnseiten des Winkels setzen sich fort, um sich zu einem begrünten Wohnhof mit Baum zu schließen. Diese Umfassungswände werden von unterschiedlich breiten Dachstreifen gesäumt, sodass sich im Innenbereich geschützte Freisitze ergeben. Große Glasschiebetüren lassen Innen- und Außenraum ineinander übergehen. Die Kubatur des Hauses integriert den Freiraum also, ein von den Fassadenleisten diskret schraffierter Ausblick zur Straße und nach Nordwesten nimmt dem Hof das Hermetische: Die Landschaft erscheint darin wie ein gerahmtes Gemälde.

Im Obergeschoss kehrt sich die Nutzung um. Hier ist der Garagentrakt überbaut, während der Essplatz die Höhe bis unters Dach genießt. Außer das Elternschlafzimmer sind alle Schlaf- und Arbeitsräume mit großen Glasflächen auf den Innenhof orientiert, erschlossen von einem der Traufe folgenden Flur.

Der Keller des Niedrigenergiehauses ist massiv ausgeführt, darauf steht eine Holzelementkonstruktion.

Privat bleibt privat. Hinter der Haustür beginnt das uneinsehbare Familienleben. Durch das Plissee der Fassadenleisten kann man nach draußen blinzeln.

Das Dach folgt den Umfassungswänden des Hofs, sodass dahinter überdeckte schmale Terrassen entstehen. Durch die unterschiedliche Ausrichtung der beiden Geschosse wohnt man nach zwei Koordinaten, wodurch das Haus größer erscheint.

Die Innenoberflächen verleugnen nicht die Holzkonstruktion.

Die Ansicht bleibt rätselhaft bis auf das Fenster am Essplatz.

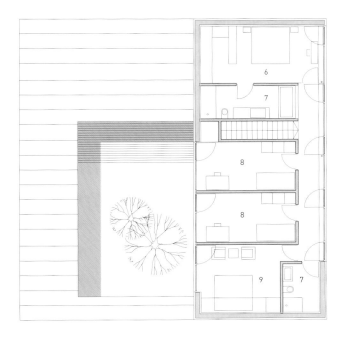

Obergeschoss M 1:200

Bernardo Bader, A-Dornbirn

„Zentrale Idee des Entwurfs ist der hohe Wohnwert, der durch eine abgeschlossene und nicht einsehbare Freifläche auf einem verhältnismäßig kleinen Grundstück entstehen kann."

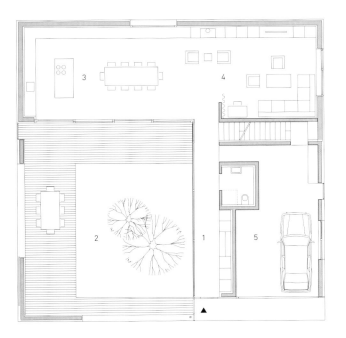

Erdgeschoss M 1:200

1 Zugang
2 Terrasse
3 Küche / Essen
4 Wohnen
5 Garage
6 Eltern
7 Bad
8 Kind
9 Gäste
10 Hauswirtschaftsraum
11 Lager

Gebäudedaten

Grundstücksgröße: 752 m²
Wohnfläche: 170 m²
Zusätzliche Nutzfläche: 50 m² (Keller)
Anzahl der Bewohner: 3
Bauweise KG: massiv,
EG + OG: Holz-Elementbauweise
Heizwärmebedarf: 28 kWh/m²a
Fertigstellung: 2010

Lageplan

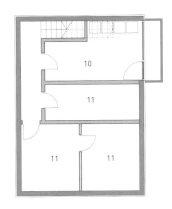

Untergeschoss M 1:200

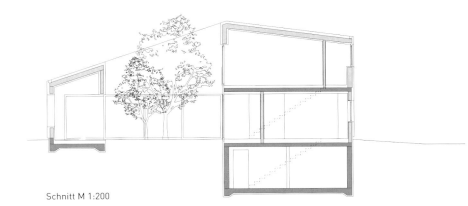

Schnitt M 1:200

ZWEIPARTEIEN-HAUS IN SCHAFFHAUSEN

BTOB ARCHITECTS

Der Neubau ergänzt eine 1911 von den Architekten Curiel und Moser als Hofanlage errichtet Wohnbebauung. Die Nordseite des historisch wertvollen Quartiers hat zuvor eine Garagenzeile geschlossen. Hier hält der schwarze Solitär jetzt eine vielschichtige Balance: Einerseits steht er schützend zwischen Straße und Gartenhof, andererseits partizipiert er an dem gewachsenen Grünraum nach Süden. Auf eine deutliche Parzellengrenze wurde daher verzichtet.

Jede Seite des kompakten Baukörpers verzahnt sich über drei unterschiedlich eingeschnittene Aussparungen – Eingang und Carport, Gartenzimmer und Atrium – mit der Umgebung. Die glatte, kaum perforierte Nordfront reagiert auf den öffentlichen Straßenraum, die hermetischen Flanken wirken als Raumskulptur, erst die Südseite öffnet sich zum Garten, ohne ihre stabile Kontur aufzugeben.

Die beiden Grundrissebenen werden zurzeit von zwei Generationen genutzt, wobei sich mit einer Klappe und einer verdeckten Schiebewand die jeweils erwünschte Nähe zwischen den Parteien regulieren lässt. Ebenso können zwei separate Wohnungen oder ein großzügiges Einfamilienhaus organisiert werden. Der Grundriss kennt keine Flure und Zimmer, stattdessen mäandriert die sich verengende und erweiternde Raumfolge um die eingeschobenen Außenräume. Dadurch entsteht eine überraschende Großzügigkeit. Die harten Konturen werden durch Innen- und Außenvorhänge zu individuellen Raumbildungen weich und fließend verwischt.

Der Baukörper ist auf ein Minimum reduziert, die innen gedämmte, fugenlose Betonschale wird durch eine schwarzbraun glänzende Lackierung entmaterialisiert, was – je nach Lichteinfall – zu changierender Maßstäblichkeit führt. Die nach außen schwingenden Wende-

Die Südseite öffnet sich zum Gartenhof der historischen, 100 Jahre alten Wohnanlage. Unter der drastischen Auskragung liegt der Eingang mit einem Autostellplatz.

Das Gartenzimmer mit dem Ahornbaum und einer Fensteröffnung
(links im Foto oben) bildet einen all-
mählichen Übergang zwischen In-
nen- und Außenwelt.

Die Seitenfronten des glänzend lackierten Betonkörpers stehen wie
erratische Bildwände im Garten.

Vor und hinter der Glasfassade lau-
fende Vorhänge verwischen die
scharfen Konturen der Architektur.

fenster sitzen bündig in der Fassade, die raumhohen Verglasungen
treten unterschiedlich tief in der massiven Außenwand zurück.

Das Gartenzimmer zeigt mit Atrium und umbautem Ahornbaum einen
nahezu kontemplativen Charakter, die holzbelegte Eingangsfläche
unter der schützenden Auskragung vermittelt zwischen Privatgrund
und Quartierstraße. Die Erdgeschossebenen laufen ohne Stufe ungehindert in den Außenraum, auch die Türen schließen bündig und
rahmenlos an.

Minimalistisch und neutral empfängt der Eingangsbereich ...

... entsprechend der Möglichkeit
von hier aus zwei Wohnungen zu er-
schließen.

Gebäudedaten

Grundstücksgröße: 815 m²

Wohnfläche: 205 m²

Zusätzliche Nutzfläche: 125 m²

Anzahl der Bewohner: 3–4

Bauweise: massiv

Primärenergiebedarf: 68 kWh/m²a

Baukosten: 1.05 Mio. SFR

Baukosten je m² Wohn-
und Nutzfläche: 3.180 SFR

Fertigstellung: 2011

Alexander Thomass und Henning König,
D-Berlin und CH-Basel

„Das von uns entwickelte Wohnkonzept eines scheinbar mäandrieren-
den Wohnhauses um sechs Funktionskörper vereint großzügige Wohnfläche mit der Möglichkeit flexibel schaltbarer, differenzierter Lebens-
räume. Durch die Reduktion des sichtbaren architektonischen Details
auf das mögliche Minimum bleibt der Bauherrschaft der maximale
Freiraum für die Gestaltung des eigenen Wohnens."

Obergeschoss M 1:200

Erdgeschoss M 1:200

1 Carport
2 Zugang
3 Schlafen
4 Bad
5 Essen
6 Kochen
7 Gartenzimmer
8 Wohnen
9 Hauswirtschaftsraum
10 Wohnen / Arbeiten
11 Atrium
12 Balkon
13 Lager
14 Technik

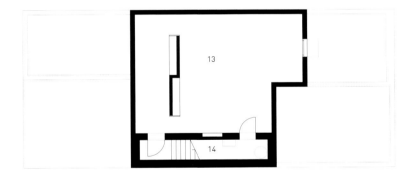

Untergeschoss M 1:200

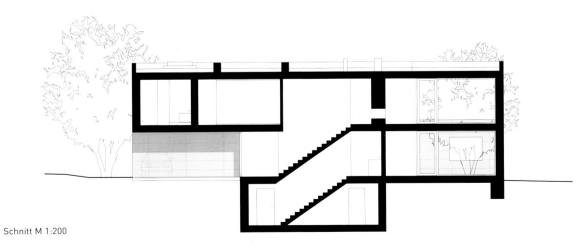

Schnitt M 1:200

Lageplan

SECHS WOHNHÄUSER IN RADEBEUL

HEIKE BÖTTCHER ARCHITEKTURBÜRO

Wenn man ein Haus gleich mehrfach bauen kann, hat das für die Bauherren den Vorteil, dass sie die Aussicht auf ihre unmittelbaren Nachbarn kennen, dass sich der Aufwand konzentrieren lässt und dass vor allem der diesem Haustyp anhaftende Vorwurf der Zersiedelung durch die städtebauliche Räson aufgefangen wird.

Radebeul ist durch die Nähe zu Dresden und seine landschaftlich reizvolle Lage inmitten von Weinbergen ein sehr beliebter Wohnort. Neben der hier zumeist villenartigen Bebauung liegt direkt an der Elbe der Ortsteil Kötzschenbroda. Das ehemalige Fischer- und Weindorf ist als Sanierungsgebiet ausgewiesen und wird denkmalgerecht instand gesetzt. Das kleine Baugebiet „Am Kuffenanger" grenzt unmittelbar an den historischen Anger. Die hier errichteten sechs Einfamilienhäuser orientieren sich städtebaulich an der Haus-und-Hof-Bauweise, in der Kubatur und mit der Dachform an der ortstypischen Umgebung, sie bedienen sich dennoch einer modernen Formensprache. Nur Holzelemente wie Rankgerüste, Lattenzäune oder die Ziegeldeckung nehmen das Lokalkolorit auf. Trotz der kleinen Grundstücke entstehen blickgeschützte Rückzugsbereiche in den Innenhöfen.

Wein- und Rosenpflanzen sowie der vorhandene Baumbestand sorgen für ein angenehmes ländliches Ambiente.

Großzügige Fensteröffnungen, hohe Räume und neue Materialien erzeugen zeitgemäße Innenqualitäten. Durch die Südorientierung entstehen attraktive Blickbeziehungen zur Elbe, darüber hinaus solare Wärmegewinne in der kalten Jahreszeit. In die Fassade integrierte Sonnenschutzanlagen verhindern eine Überhitzung im Sommer. Die Eigentümer hatten die Möglichkeit, Grundrisse und Ausstattung nach eigenen Wünschen zu verändern, entsprechend ist ein Nebeneinander unterschiedlicher Wohnvorstellungen ablesbar. Im abgebildeten Haus wurde zum Beispiel ein Lehmgrundofen eingebaut.

In Reih und Glied stehen die sechs Häuser am Dorfanger, die alten Bäume ergeben eine ganz besondere Kulisse. Trotz der modernen Bauweise verbinden sie sich durch handgefertigte Details mit der ruralen Umgebung.

Die Häuser sind aus KS-Steinen gemauert und auf der Außenseite mit einem 16 Zentimeter dicken Wärmedämmverbundsystem ausgestattet. Das Holzsparrendach ist mit Isofloc gedämmt. Gegen das Hochwasser der Elbe wurden die Kellerwände aus WU-Beton hergestellt. Aufgrund der soliden Wandkonstruktion, der Dreischeibenverglasung und einer Wärmepumpe erfüllen die Häuser KfW-70-Standard.

Oben: Selbst auf den zweiten Blick werden an der Fassade die unterschiedlichen Grundrisse kaum erkennbar.

Trotz der traditionellen Hausformen ergibt sich durch die Höhe der Räume und die bis zur Decke reichenden Fenstertüren eine großzügige Wohnqualität. Hier gehört ein Lehmgrundofen zur individuellen Ausstattung.

Bei der Definition der Küche beginnt die Auseinandersetzung mit den persönlichen Wohnvorstellungen.

Erdgeschoss M 1:200 ⊕

1 Zugang
2 Wohnen
3 Essen
4 Kochen
5 Abstellraum
6 Garage
7 Eltern
8 Kind
9 Bad

Obergeschoss M 1:200

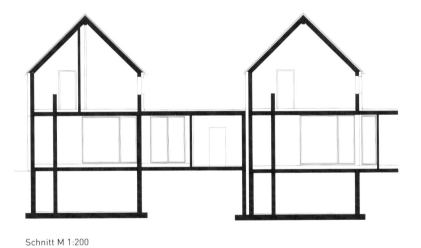

Schnitt M 1:200

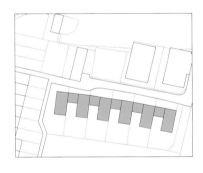

Lageplan

Gebäudedaten

Grundstücksgröße: 1.800 m²

Wohnfläche: je 120–140 m²

Anzahl der Bewohner: 2–5

Bauweise: massiv

Heizwärmebedarf: 52,08 kWh/m²a

Primärenergiebedarf: 46,65 kWh/m²a

Baukosten: 200.000 Euro

Baukosten je m² Wohn-
und Nutzfläche: 1.500 Euro

Fertigstellung: 2011

Heike Böttcher, D-Dresden

„Heutiges Wohnen in gewachsener Umgebung: klar strukturiert
und individuell, privat und kommunikativ, ökologisch und mit hoher
Lebensqualität."

HAUS 11 X 11 AM WÖRTHSEE

TITUS BERNHARD ARCHITEKTEN

Dem Entwurf liegt die Idee zugrunde, ein in seiner äußeren Erscheinung kompaktes, in der Materialanmutung homogenes Haus mit sparsamer Hüllfläche, aber größtmöglicher Nutzfläche zu schaffen. Es ist als bewohnbare Skulptur für eine Familie mit zwei Kindern gedacht, sein Äußeres bildet die innere Organisation ab.

Die Auftraggeber arbeiten in der Kommunikationsbranche, sie verstehen ihr Haus als Icon, als zeichenhaftes Manifest für etwas Neues. Auf die Außenwände, eine Konstruktion aus Stahlbeton und Holz sowie ein vorfabriziertes Dach aus OSB-Holzplatten, das auf den Gratbalken aufliegt, wird eine mehrschichtige schwarze Flüssigabdichtung aufgebracht. Als sichtbarer Abschluss des Baukörpers folgt eine hochkant stehende 4 x 8-Zentimeter-Lattung aus farbig lasierter Douglasie im Abstand von 4 Zentimetern oder dreimal 4 Zentimetern, wobei jedes zweite Holz ausgespart wird. Die Leisten sind ohne Konterlattung auf 3500 sondergefertigte Alublöcke geschraubt. Der Vorteil dieser Ausführung ist, dass in den senkrecht zu Dachgefälle und Wänden ausgerichteten Lamellen weder Laub noch Schmutz haften bleiben, die Entwässerung bei Regen und Schnee funktioniert so simpel wie bei einem Schirm. Durch die Schraffur entsteht ein ausgeprägt grafischer Charakter, den die unterschiedlich dichten, sehr präzisen Abstände der Lamellen noch betonen. Die Holzfenster sind exakt in diese Geometrie eingebunden, sie überspielen die Haus- und Dachkanten, was den Baukörper größer wirken lässt und innenräumlich für attraktive Ausblicke und guten Lichteinfall sorgt.

Ein Haus, das mit der Typologie des klassischen Einfamilienhauses kokettiert und dessen Dimensionen frei interpretiert. Die unterschiedlichen Lamellenabstände ergeben zusammen mit der leichten Hangneigung eine irritierende Perspektive. Ihre Grafik verändert scheinbar die Dimensionen.

Der Wohnraum wird großzügig über-eck belichtet, eine unauffällige Stahl-stütze übernimmt Lastabtragung. An der Decke geben die Aussparungen zusätzliche Höhe.

Essplatz mit begleitender Fenster-bank. Rechts kann man in der Decke den Durchblick vom oberen Flur erkennen.

Über dem Elternschlafzimmer hinter dem Lavoir spannt sich das Dach wie ein weißes Zelt.

Bis auf einen eingestellten Block für Garderobe, Gäste-WC und Spei-sekammer ist das Grundriss-Karree im Erdgeschoss völlig offen und von Blickbeziehungen durchzogen. Die Treppe nach oben führt durch eine breite Deckenaussparung, sodass sich bis unters Dach eine gale-rieartige Vertikalbeziehung ergibt. Sie wiederholt sich noch einmal im oberen Flur und im Elternschlafzimmer; dort begleitet in Bankhöhe eine vitrinenartige Verglasung die beiden Außenwände, sodass eine schmale Sichtverbindung entsteht. Selbst aus der Badewanne kann man durch ein Fenster in das Treppenhaus sehen. Das Haus ist auf Niedrigenergiestandard KfW 40 ausgelegt.

Das Elternschlafzimmer ist nicht hermetisch abgeschlossen, die Außenwände säumt eine gläserne Sitzstufe.

Durchblick: Neben dem Flur entlang der Kinderzimmer kann man Anteil am Leben im Wohnraum nehmen.

Präzise Schreinerarbeit schraffiert Dachflächen und Außenwände. Auch die Fenster fügen sich in die Ordnung der senkrechten Lamellen. Die Fenster spielen mit den Kanten der Kubatur. Es gibt sprossenlose Festverglasungen und Öffnungsflügel.

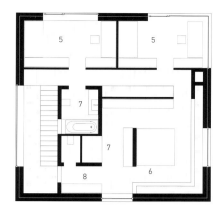

Obergeschoss M 1:200

Titus Bernhard, D-Augsburg

„Entsprechend der beruflichen Tätigkeit der Bauherren übernimmt das Haus die Funktion eines ‚Icons': Hoher Wiedererkennungswert, äußerst konsequente Umsetzung einer reduzierten Holzkonstruktion über alle fünf Fassaden, Präzision."

Erdgeschoss M 1:200

1 Zugang
2 Kochen
3 Essen
4 Wohnen
5 Kind
6 Eltern
7 Bad
8 Ankleide

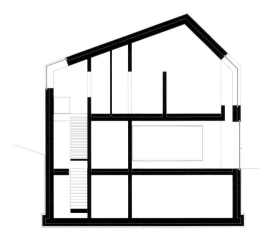

Schnitt M 1:200

Gebäudedaten

Grundstücksgröße: 1.300 m²

Wohnfläche: 182 m²

Zusätzliche Nutzfläche: 99 m²

Anzahl der Bewohner: 4

Bauweise: massiv, Stahlbeton

Heizwärmebedarf: 29,73 kWh/m²a

Primärenergiebedarf: 54 kWh/m²a

Fertigstellung: 2011

Lageplan

EINFAMILIEN-HAUS IN ALBERSCHWENDE

K_M ARCHITEKTUR

Das zweigeschossige unterkellerte Haus steht auf einem leicht abfallenden Grundstück in Ortsrandlage mit Ausblick in den Bregenzer Wald und ein angrenzendes Moorgebiet. Geometrisch ist es aus zwei versetzt aufeinander gestapelten Baukörpern mit weit nach Süden ausladenden Loggien gefügt. Keller und Erdgeschoss sind betoniert, darüber folgt eine Konstruktion aus Holzelementen.

Erschlossen wird es an der Nordseite. Der Winkel eines großen Vordachs markiert den Eingang und bildet gleichzeitig den Carport. Vor der Witterung geschützt erreicht man barrierefrei den Eingang mit Garderobe und Gäste-WC. Neben der Treppe betritt man einen offenen Bereich für Kochen und Essen, der sich, nur durch einen großen Kaminofen andeutungsweise abgetrennt, als Wohnraum fortsetzt. Von hier reicht der Blick durch die großzügigen Glasfronten mit vorgelagerter Loggia in das Moor und die Berge. Eine breite Treppe führt in den Garten.

Im Untergeschoss sind rückwärtig die notwendigen Technik- und Kellerräume untergebracht, ein Büro und ein Mehrzweckraum erhalten über Brüstungsfenster von der Gartenseite Tageslicht. Die Schlafzimmer für Eltern und Kinder sowie zwei Bäder liegen im Obergeschoss. Wie im Erdgeschoss sind die nach Süden orientierten Räume über die ganze Höhe verglast und von einem überdachten Balkon begleitet, wobei senkrechte Wandscheiben diese prägenden Horizontalen wie ein Band formal weiterführen.

Nach Süden begleiten loggienartige Balkone die Fassade, dabei schützt der Dachüberstand vor zu großer Sonneneinstrahlung. Eine stattliche Holztreppe führt in den Garten, sie scheint formal das im Dach beginnende Bandmotiv der Fassade zu erden.

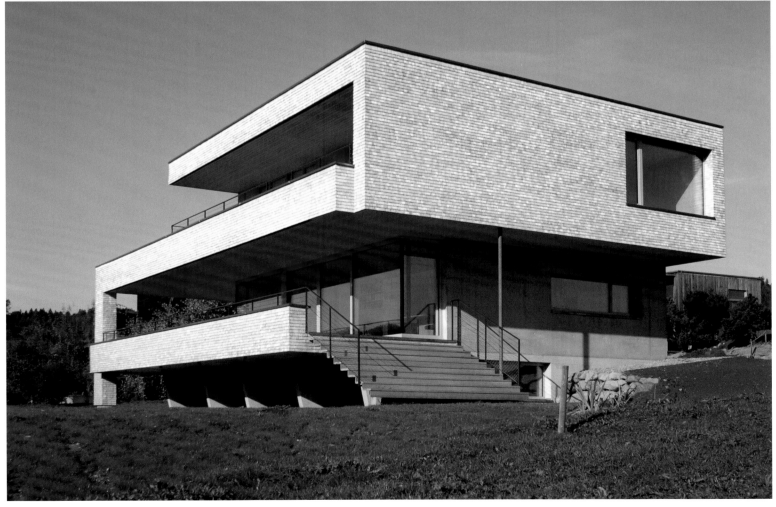

Die Fassade ist mit den regional typischen Weißtannenschindeln verkleidet; dass sie mit der Zeit vergrauen, wird als natürliche Patina akzeptiert. Der Innenausbau ist komplett in Eichenholz ausgeführt. Das Haus wurde konsequent umweltbewusst geplant; deshalb kamen nur ökologisch einwandfreie Materialien infrage. Zur Energieversorgung dienen eine Erdwärmeheizung und Solarkollektoren auf dem Dach zu Brauchwassererhitzung.

Ein währschafter, nach drei Seiten verglaster Holzofen trennt den Essplatz vom Wohnraum. Bei geöffneten Fenstertüren endet das Wohnzimmer an der Balkonbrüstung.

Die Holzverkleidung verbindet Innen- und Außenraum. Die klaren Linien der Architektur bilden einen neutralen Bezugspunkt zur umgebenden Naturlandschaft.

Obergeschoss M 1:250

Gebäudedaten

Grundstücksgröße: 1.400 m²

Wohnfläche: 190 m²

Zusätzliche Nutzfläche: 100 m²

Anzahl der Bewohner: 5

Bauweise: massiv / Holz-Element

Heizwärmebedarf: 39 kWh/m²a

Fertigstellung: 2011

Erdgeschoss M 1:250

1 Zugang
2 Kochen
3 Essen
4 Wohnen
5 Loggia
6 Lager
7 Schleuse
8 Eltern / Ankleide
9 Kind
10 Balkon
11 Bad
12 Multifunktion
13 Büro
14 Technik

Lageplan

Untergeschoss M 1:250

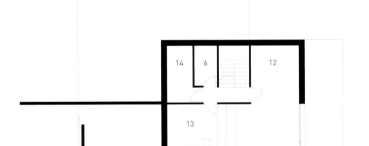

Daniel Sauter, A-Bregenz

„Wir haben die Entscheidung, eine für die Region typische Schindelfassade anzubringen, besonders gerne unterstützt."

Schnitt M 1:250

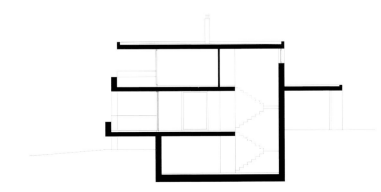

HAUS AM HANG IN SIEGBURG

BÜNCK ARCHITEKTUR

Das Hanggrundstück auf einer Anhöhe schließt zur Gartenseite an ein bewaldetes Naturschutzgebiet an. Ursprünglich stand hier ein Einfamilienhaus mit Steildach aus den Fünfzigerjahren. Es wurde bis auf das Hanggeschoss abgetragen und mit einem neuen Garten- und Obergeschoss ergänzt.

Die Bauherrin wünschte sich ein modernes zeitloses Raumgefüge mit etwa 350 Quadratmetern Wohnfläche. Außerdem sollte es ein ökologisches, klimafreundliches und allergikergerechtes Haus sein.

Entsprechend der Hanglage wird das Haus über ein Eingangsgeschoss mit Garage, Technik- und Nebenräumen erschlossen. Zum Hauptgeschoss führt eine einladende Innentreppe in einem weiten Luftraum nach oben. Dort öffnet sich eine fließende Wohnfolge entlang einer gliedernden Mittelwand mit nischenartigen Vertiefungen. Die einzelnen Funktionen sind durch Raumkanten, Möblierung oder Indizien wie einen hängenden Kamin separiert, aber nicht abgeschlossen. Zur Straßenseite liegt ein Arbeitszimmer, davor in Längsrichtung der obere Treppenlauf, was die privatere Fortsetzung des Wegs betont.

Auch hier bleibt um die Stufen reichlich Luftraum, er setzt sich zur anderen Seite über dem Essplatz fort, sodass im Obergeschoss durch Brücken und Stege eine funktionale Harmonie entsteht: Sie trennt den groß mit Bad und Ankleide angelegten Bereich der Mutter von den beiden Schlafräumen für die Kinder, die über ein passables Bad verbunden sind. Während im Gartengeschoss die Fassade mit einer tiefen, mit Naturstein ausgeschlagenen Terrasse den Übergang zum Freibereich herstellt, begleitet eine Loggia das Obergeschoss zur Straßenseite.

Die Gartenansicht zeigt das Bildungsprinzip des Hauses am deutlichsten. Die Fassade entsteht durch die drastische Subtraktion von Volumen. Zur Straße hebt ein hermetisch wirkendes Erschließungsgeschoss das Haus auf Gartenniveau.

Die inneren Passagen über Treppen und Brücken werden von Ganzglasbrüstungen flankiert, sodass nichts den Blick verstellt. Vielfältige Raumbeziehungen bestimmen das Volumen, das immer neue Perspektiven ausschneidet. Großformatiges dunkles Steinzeug prägt die Böden und Treppen, ergänzt von spiegelnden schwarzen Glasscheiben.

Das Haus wird mit Erdwärme versorgt. Innen ist es mit einem zweilagigen Lehmputz versehen, die Außenwände erhielten über der Schafwolldämmung einen Filzputz.

Oben links: Der Essplatz im Gartengeschoss öffnet sich wie der begehbare Hohlraum einer Skulptur. Der Sofaplatz (im Hintergrund) ist wieder niedriger und gemütlicher.

Oben: Nach dem formellen Aufstieg aus dem Eingangsgeschoss (links die Treppenbrüstung) ereicht man die Foyerzone der Wohnebene.

Links: Wenige Materialien und die vorherschenden Farben Schwarz und Weiß geben dem Raum eine grafische Qualität – ordnender Hintergrund zum Wohnen.

Alles im Blick: Zur Straße liegt ein Büro mit durchgehender Arbeits- platte.

Der privatere Weg in das Oberge- schoss wird durch eine versetzte Treppe betont.

Carsten Bünck, D-Pulheim

„Die Zusammenarbeit bei diesem Projekt wurde für mich durch einen charismatischen Austausch mit der Bauherrschaft zu einer außerge- wöhnlichen Erfahrung."

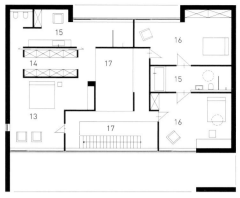

Obergeschoss M 1:300

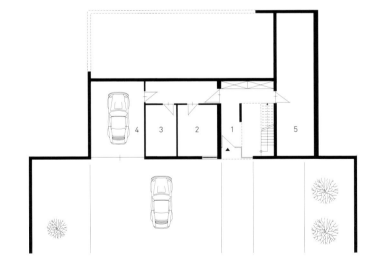

Erdgeschoss M 1:300

1 Zugang
2 Spielen
3 Technik
4 Garage
5 Abstellraum
6 Arbeiten
7 Wohnen
8 Fitness
9 Terrasse
10 Kaminzimmer
11 Kochen / Essen
12 Hauswirtschaftsraum
13 Eltern
14 Ankleide
15 Bad
16 Kind
17 Luftraum

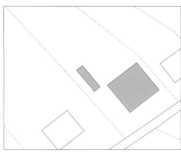

Lageplan

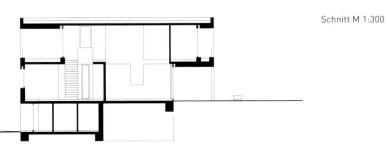

Eingangsgeschoss M 1:300

Schnitt M 1:300

Gebäudedaten

Grundstücksgröße: 2.590 m²

Wohnfläche: 342 m²

Zusätzliche Nutzfläche: 60 m²

Anzahl der Bewohner: 2

Bauweise: massiv

Heizwärmebedarf: 33,82 kWh/m²a

Primärenergiebedarf: 41,38 kWh/m²a

Baukosten: 926.820 Euro

Baukosten je m² Wohn-
und Nutzfläche: 2.710 Euro

Fertigstellung: 2011

141

WOHNHAUS AM UNTERSEE

BIEHLER WEITH ASSOCIATED

Zuerst fällt das Parallelogramm der Grundriss-Koordinaten auf. Ihre Schräge resultiert aus der Orientierung auf das Wollmatinger Ried am Untersee, bezieht schließlich das ganze Haus mit ein und erhält durch das sehnsuchtsvoll auskragende Obergeschoss seinen abschließenden Höhepunkt. Eine zweite Interpretation liegt in der massiven Materialität. Eine kerngedämmte, 60 Zentimeter dicke Sichtbetonkonstruktion könnte schon zu Bunkerqualitäten führen, wenn man der Architektur keine dynamische Bewegung gibt. Hier gelang es, die kraftvollen Gesten in Leichtigkeit aufzulösen. Besonders die Gartenansicht mit der quirligen Wendeltreppe in das Terrassen-Erdgeschoss hält Anspielungen parat – auf die Fünfziger- und Sechzigerjahre, den Expressionismus der Wirtschaftswunderzeit.

Erschlossen wird das Haus von oberhalb, von Süden. Aber auch von der Seeseite führt ein Fußweg hinauf. An der Straße markieren ein durch Betonscheiben gefasstes Tor und eine niedrige Mauer den Zugang. Die Fassade mit der sich abzeichnenden Treppe lässt erkennen, dass es sich bei der skulpturalen Gestik nicht bloß um eine Hülle handelt, sondern das Innenleben neue räumliche Erfahrungen bietet.

Der Eingang liegt auf der mittleren Ebene, die sich mit einer breiten Terrasse in die Landschaft schiebt. Dank der Hanglage wird auch das Untergeschoss auf dieser Seite großzügig belichtet, hier sind ein Büro und ein Gästezimmer eingerichtet. Während diese beiden Stockwerke in Querrichtung auf dem schmalen Grundstück lagern, kehrt sich im Obergeschoss die Hauptrichtung um, nun zählt nur noch der weite Blick quer über den See, den man vor allem aus dem Elternschlafzimmer genießen kann.

Erwähnenswert ist die unkonventionelle Funktionszuschreibung. Der Wohn-/Essbereich wird nicht nur durch ein Kaminzimmer ergänzt,

Trotz der der Energieeinsparung geschuldeten 60 Zentimeter dicken kerngedämmten Außenwände wirkt das Haus durch seine kraftvolle Dynamik nicht schwerfällig. Vom See führt ein Treppenweg nach oben, hierhin richten sich Terrasse und Loggia mit expressiver Leidenschaft.

sondern auch durch eine Waschküche, aus der man beim Bügeln auf die Terrasse treten kann. Ein zentraler Angelpunkt ist die Treppe, deren Podest oberhalb der Küche sich wie ein Nest für die spielenden Kinder anbietet, zum Wohnraum schließt ein vielseitig interpretierbares Bank- und Schrankmöbel an. Eine ähnliche Schreinerarbeit wartet im Ankleidezimmer, eine zweiteilige Kommode mit Sitzgelegenheit, um sich bequem für die Tagesgarderobe entscheiden zu können.

Unkonventionell: Hinter dem Essplatz liegt das Bügelzimmer mit Zugang zur Terrasse.

Ein Arbeitsraum im Untergeschoss, die Verglasung nimmt ihm die Kelleratmosphäre.

Ein Architekturmöbel bietet sich im
Wohnraum vor der Treppe (links)
für vielfältige Zwecke an.

Die Treppenschräge ist an der Fassade ablesbar, sie vermittelt innen mit einem breiten Podest zwischen den Ebenen.

Selbst das Bad orientiert sich auf den See. Durch den Wandschlitz neben der Wanne kommt die Morgensonne.

Christoph Biehler, Ralf Heinz Weith, D-Konstanz

„Das Spezifische auszuloten und den identitätsstiftenden Charakter zu stärken: dies empfinden wir als eine zeitgenössische kulturelle Pflicht. Architektur bedeutet für uns die Gestaltung von Orten für Menschen."

Lageplan

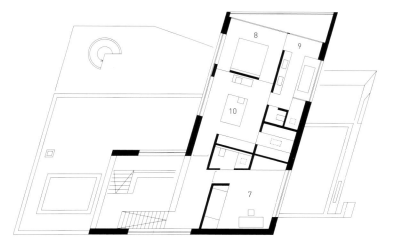

Obergeschoss M 1:250

Erdgeschoss M 1:250

1 Zugang
2 Kochen
3 Terrasse
4 Kaminzimmer
5 Wohnen
6 Essen
7 Kind
8 Eltern
9 Bad
10 Ankleide
11 Stauraum
12 Weinkeller
13 Archiv
14 Arbeiten
15 Gäste
16 Vorhof

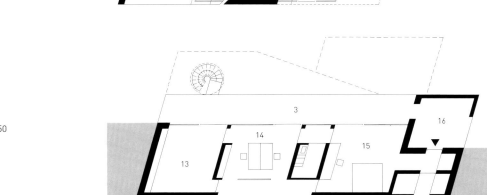

Untergeschoss M 1:250

Schnitt M 1:250

Gebäudedaten

Grundstücksgröße: 1.800 m²

Wohnfläche: 299 m²

Zusätzliche Nutzfläche: 219 m²

Anzahl der Bewohner: 3

Bauweise: massiv

Fertigstellung: 2011

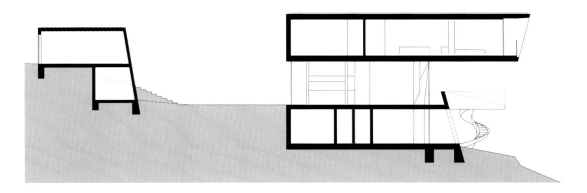

EINFAMILIENHAUS IN HAMBURG

HEECKT + MAURER ARCHITEKTEN

Dieses Wohnhaus in der Tradition der klassischen weißen Hamburger Villen interpretiert das Wohnen für eine Familie mit drei Kindern zeitgemäß. Statt Räume für Gesinde gibt es für jedes Familienmitglied ein Zimmer, zusätzliche Arbeitsflächen, breite Flure, Abstellräume und ein Bad auf jeder Etage.

Der Baukörper wird aus zwei Kuben gebildet, ein hoher, aufragender zur Straßenseite, der sich zum Garten mit einem eingeschossigen schmalen Flachbau fortsetzt. Er umschreibt den Wohnraum (und die Garage), was im Innenraum durch die Engführung zwischen Bibliothek und Essplatz eine deutliche Zonierung ergibt.

Die Putzfassade wird mit den über die Hauskanten geführten Fensterbändern gegliedert. Durch den Verzicht auf Eckpfosten wirken die kleineren Räume in den Obergeschossen großzügig. Auf dem Flachdach des niedrigeren Bauteils gibt es für zwei der Kinderzimmer eine geschützte Terrasse. Auch die Eltern haben im Staffelgeschoss darüber einen nach Süden weisenden Freibereich. Er wird von einer

massiven Brüstung umwehrt, darüber ergänzt ein abgestützter umlaufender Dachbalken den kubischen Umriss des Gebäudes.

Der Eingangsbereich ist einladend breit dimensioniert, hier können sich auch mehrere Gäste bewegen. Zu beiden Seiten sind sehr geschickt die dienenden Funktionen untergebracht. Gäste-WC, zwei Garderoben, Abstellräume, Treppe und der Nebeneingang von der Garage fügen sich zu einem selbsterklärenden Funktionsschema.

Zur Straße ragt das Haus als stattliche weiße Villa auf. Zur Gartenseite schließt ein niedriger Baukörper an, hier öffnet sich der Wohnraum nach Süden und Osten.

Im Erdgeschoss gelingt es, eine fließende Raumfolge ohne Türen zu zonieren.

Eine Absenkung gibt dem Wohnraum zusätzliche Höhe. Der Kamin steht als Architekturelement vor der Seitenwand (rechts).

Der Essplatz liegt seitlich der breiten, vom Eingang bis zum Garten reichenden Flurachse. Zur Küche führt die raumhohe Tür links, vorbei an der Speisekammer.

Die lichte Raumhöhe mit 2,90 Metern gibt dem Erdgeschoss eine gewisse repräsentative Anmutung. Das erste Geschoss gehört den Kindern. Ihrem Spielflur gegenüber kann ein Gast beherbergt werden, das nächste Geschoss ist ausschließlich den Eltern vorbehalten.

Technik, Nebenräume und ein über eine seitliche Abgrabung belichteter Spiel- und Hobbybereich ergänzen das Raumangebot im Untergeschoss.

Dachgeschoss M 1:250

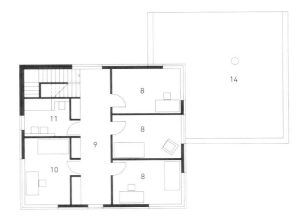

Obergeschoss M 1:250

Christina Heeckt, Thomas Maurer, D–Hamburg

„In der Umgebung mit heterogener Bebauung setzt das Gebäude ein Zeichen. Es steht in der Tradition der klassischen Hamburger Villen und interpretiert deren Organisation für eine Familie mit drei Kindern zeitgemäß neu."

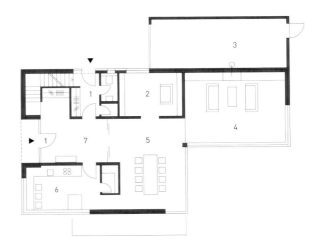

Schnitt M 1: 250

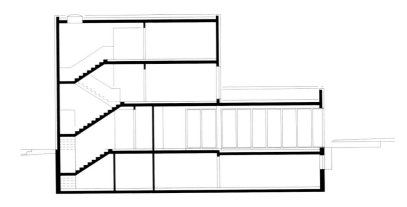

Erdgeschoss M 1:250

1 Zugang
2 Bibliothek
3 Garage
4 Wohnen
5 Essen
6 Kochen
7 Diele
8 Kind
9 Spielflur
10 Gäste
11 Bad
12 Arbeiten
13 Eltern
14 Terrasse

Lageplan

Gebäudedaten

Grundstücksgröße: 1.220 m^2

Wohnfläche: 266 m^2

Zusätzliche Nutzfläche: 151 m^2

Anzahl der Bewohner: 5

Bauweise: massiv

Heizwärmebedarf: 42,2 kWh/m^{2}a

Primärenergiebedarf: 75,5 kWh/m^{2}a

Baukosten: 410.000 Euro

Baukosten je m^2 Wohn-

und Nutzfläche: 980 Euro

Fertigstellung: 2009

PAVILLON AM ZÜRICHSEE

MEIER ARCHITEKTEN

Das Grundstück liegt in einer kleinen Bucht am Zürichsee. Von dieser traumhaften Landschaft inspiriert lag es nahe, Wohnraum und Natur miteinander zu verbinden, wozu sich die Typologie des „Sommerpavillons" anbot, also eine leichte Architektur, die sich aus horizontalen und vertikalen Flächen nachvollziehbar zusammensetzt.

Die Räume sollten sich nach außen als Elemente einer offenen Bauweise mit einer eindeutigen Ausrichtung abzeichnen. Das Wohnen endet damit nicht an den Außenwänden, sondern kann sich schwellenlos vom Pavillon bis zu einem gedeckten Sitzplatz und einer Liegewiese ausbreiten. Ein harmonisches Bild entsteht, indem sich die Horizontalen des Gartens in der Staffelung der Dachflächen wiederholen. Sie sind über Küche / Speisezimmer durch einen umlaufenden Oberlichtstreifen von den Außenwänden abgelöst, nur gestützt durch die notwendigsten statischen Maßnahmen.

Das Haus besteht aus zwei Hauptvolumen. Wohnen, Essen und Kochen sind in einem einstöckigen Bauteil zu einem großen kommunikativen Lebensraum organisiert. Er öffnet sich lichtdurchflutet nach

einem schlichten, niedrigeren Eingangsbereich. Die Seeseite ist zwischen Boden und Decke vollkommen verglast, sodass sich der Innenraum in den gedeckten Außenbereich fortsetzt: Bei aufgeschobener Fensterfront sitzt man im Freien, allerdings geschützt durch das scheinbar schwebende Vordach.

Im straßenseitigen zweistöckigen Bauteil befinden sich zwei Schlafzimmer mit separatem Bad und Toilette. Nach oben führen in die Wand eingelassene Stufen, die abstrakt wie ein Kunstwerk wirken. Im Obergeschoss erreicht man ein großzügiges weiteres Schlafzimmer mit einmaliger Aussicht über den See und in die umgebende Land-

Das Architekturkonzept resultiert aus der traumhaften Lage an einer Bucht des Zürichsees. Die leichte Hangneigung zum Ufer setzt sich in den die Horizontale betonenden weiten Dachüberständen fort: der Pavillon als Schichtenmodell.

Der Eingang durch einen Torbau betont das Private.

Die bequemen Sessel am Esstisch lassen darauf schließen, dass man sich hier, die wärmende Kaminwand im Rücken und mit der Aussicht zum See, vornehmlich aufhält.

Das Dach über dem nach Südosten offenen Koch-/Essbereich ist rundherum abgelöst.

schaft. Durch die verschiedenen Raumhöhen und den Kontrast zwischen dunklem Parkett und elegantem Weiß der Wände entsteht eine räumliche Spannung, die die Balance des kantigen Hauses mit der gewachsenen Natur fortsetzt. Die Annäherung durch einen Torbau, hinter dem seitlich zurückgesetzt der eigentliche Eingang folgt, betont den privaten Rückzug.

Obergeschoss M 1:200

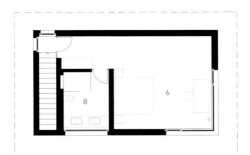

Erdgeschoss M 1:200

1 Zugang
2 Hauswirtschaftsraum
3 Kochen
4 Essen
5 Wohnen
6 Schlafen
7 Kind
8 Bad
9 Technik

Gebäudedaten

Grundstücksgröße: 840 m²

Wohnfläche: 162 m²

Zusätzliche Nutzfläche: 19 m²

Anzahl der Bewohner: 3

Bauweise: massiv

Fertigstellung: 2009

Schnitt M 1:200

Egon Meier, CH-Zürich

„Meine Architektur soll dazu dienen, den Menschen Behaglichkeit und Wohlbefinden sowie ein hohes Maß an Lebensqualität in ihr Leben zu bringen. Die Harmonie zwischen Wohnraum und der umliegenden Landschaft wirkt behütend, zugleich begeistert die Weitläufigkeit durch die Offenheit zum Wasser."

WOHNHAUS IN ETTLINGEN

ULRICH LANGENSTEINER ARCHITEKTEN

Städtebaulich orientiert sich der Neubau an der in Ettlingen ortstypischen Bauweise. Dazu gehören kubische Hausformen mit Satteldach, ergänzt durch untergeordnete Nebenhäuser und die Ausrichtung an einer Grundstücksgrenze.

Das Vorderhaus ist giebelständig mit einem Steildach in die Straßenzeile eingefügt, auf dem eingeschossigen Anbau im Garten liegt asymmetrisch ein um 90° gedrehter flacher Sattel. Der Baukörper fügt sich wie selbstverständlich in das dörfliche Ensemble, nur seine schwarze Farbe, die Anordnung der Öffnungen und unkonventionelle Details zeigen die selbstbewusste Zeitgenossenschaft der Bauherren.

Die westliche Außenwand nähert sich im spitzen Winkel dem Nachbargrundstück, sodass eine deutliche Engstelle den rückwärtigen privaten Garten abtrennt. Hier liegt geschützt der Hauseingang, dahinter markiert vor dem Esszimmer ein Terrassenpodest einen Sitzplatz. Im Vorderhaus wohnen die Kinder, vor deren Zimmern sich ein vielseitig nutzbarer Gemeinschaftsbereich als Spielflur ausbreitet. Im Gartenhaus folgen nach einem trennenden Garderobenelement die Küche

mit Bartresen, danach Essplatz und Wohnraum. Die Treppe führt in das Elternzimmer nach oben, es wird flankiert von einem Ankleideraum und einem bis unter die Dachschräge reichenden Bad. Unter dem Giebel erreicht die abknickende Treppe ein weiteres Zimmer. Ankleideraum und Kinderbad erhalten Tageslicht durch einen über alle Ebenen reichenden Schacht.

Ein neuer Mitwirkender beim Straßentheater, traditionell in der Kubatur, provozierend im Detail. Die freie innere Organisation lässt sich an den ungewöhnlich verteilten Fenstern ablesen. Der Hauseingang liegt im Gebäudewinkel auf der Rückseite, von der Straße abgeschirmt durch die breiten Schultern des Vorderhauses.

Auf traditionelle Details wie Dachüberstände oder Fenstersimse wurde verzichtet. Die scharfkantige, homogene Körperhaftigkeit des Hauses wird betont durch die gleichartige Behandlung der Außenoberflächen: Die Struktur des WDVS-Wandputzes und die PU-Spritzabdichtung des Dachs unterscheiden sich in ihrer Schwärze nur aus nächster Distanz. Auch innen wurde das Konzept einer „beruhigenden Kulisse" für das tägliche Leben verfolgt. Weiße Wände und Decken, Einbaumöbel und Türen aus seidenglänzendem, weißem Schichtstoff sowie ein anthrazitfarbener Estrich setzen das stringente Äußere fort.

Gebäudedaten

Grundstücksgröße: 575 m²

Wohnfläche: 180 m²

Zusätzliche Nutzfläche: 70 m²

Anzahl der Bewohner: 4

Bauweise: massiv

Primärenergiebedarf: 75 kWh/m²a

Baukosten: 540.000 Euro

Baukosten je m² Wohn- und Nutzfläche: 2.160 Euro

Fertigstellung: 2009

Traditionelle Details hat man nicht übernommen. Die großen, ungeteilten Fensteröffnungen wirken wie „Lichtbilder" in der Außenwand.

Garderobe und Küchentresen bilden eine trichterförmige Schleuse vor Essplatz und Wohnraum.

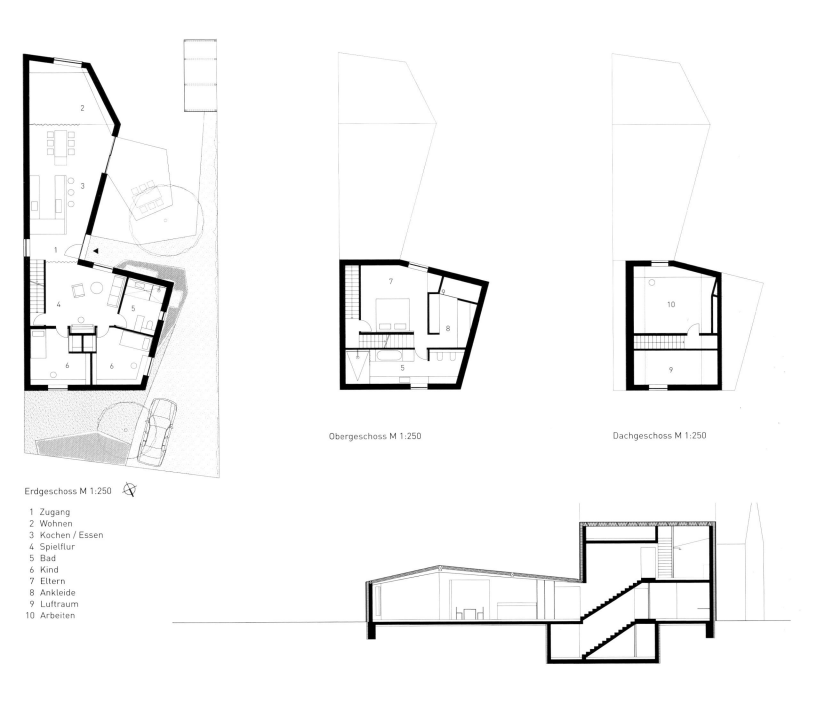

Erdgeschoss M 1:250

Obergeschoss M 1:250

Dachgeschoss M 1:250

1 Zugang
2 Wohnen
3 Kochen / Essen
4 Spielflur
5 Bad
6 Kind
7 Eltern
8 Ankleide
9 Luftraum
10 Arbeiten

Schnitt M 1:200

Ulrich Langensteiner,
D-Ettlingen

„Die äußere Kompromisslosigkeit spiegelt sich im Inneren wider: Weiß gestrichene Wände und Decken, Einbaumöbel und Türen in einheitlichen Schichtstoff stehen in Kontrast zu den in ausnahmslos allen Raumbereichen eingebrachten dunkelgrauen Sichtestrichböden."

Lageplan

FERIENHAUS BEI STERZING

BERGMEISTERWOLF ARCHITEKTEN

Das Grundstück befindet sich in einem Weiler oberhalb von Sterzing. Das hier teilweise aus dem Material eines abbruchwürdigen Bauernhauses mit altem Backofen errichtete Ferienhaus-Ensemble besteht aus mehreren einzelnen Gebäuden und einer alten Kapelle: Eine Garage mit Hühnerstall ragt aus dem Berg, eine kleine Sauna mit erdfarbener Fassade steckt weitgehend im Gelände, öffnet sich aber mit großer Glasfront zum Tal. Hinter dem Winkel der in traditioneller Schichttechik errichteten Steinmauer kauert das eigentliche Wohnhaus als schindelverkleideter Baukörper am Berg. Ziel war, die einzelnen Bauten durch Funktion, Form und Material zwar unterscheidbar, aber als authentische Einheit mit der Landschaft korrespondieren zu lassen.

Die Häuser orientieren sich an der Topografie, ohne sie zu verändern. Vorgelagerte Terrassen beziehen den Außenraum ein. Das Wohngebäude betritt man über eine kleine Metallbrücke. Von hier sieht man in den begrünten Raum zwischen der alten Steinmauer und der verschindelten Gebäudehülle. Auf der oberen Ebene ist lediglich eine Toilette als Stahlwürfel eingestellt. Sonst öffnet sich unter der von der Schalung grobstrukturierten Betondecke ein Küchenraum mit drei unterschiedlichen Sitzgruppen: einer Nische als Zirbelstube aus alten Hölzern, die in der Steinfassade durch ein Passepartout aus Stahlblech ablesbar ist, einem großen zentralen Tisch vor der Küchenzeile und einer bequemen Polsterecke um den Holzofen, der aus alten Kacheln gemauert wurde. Ein Wendemöbel mit Fernsehgerät oder Hirschgeweih lässt unterschiedliche Raumdefinitionen zu.

Nicht mit beherrschender Baumasse, sondern mit kleinen landschaftsverträglichen Einzelgebäuden verteilt sich das Ferienhausensemble auf dem Wiesenhang.

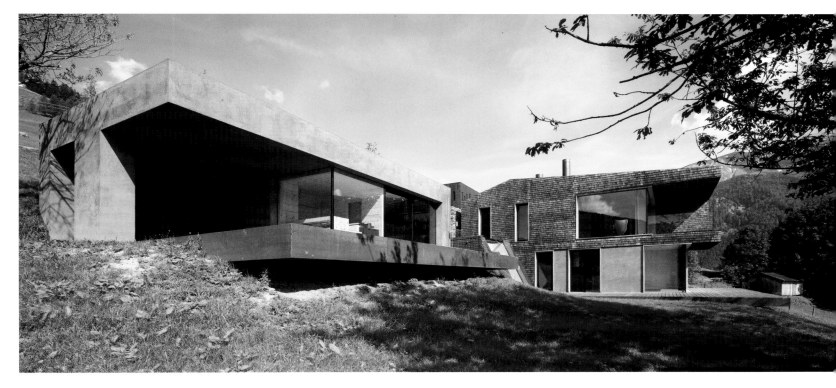

In der Mitte der drehbare Raumteiler mit der Jagdtrophäe, links der Kachelofen und daneben die eingestellte Toilettenbox als bestimmende Architekturelemente.

Die Sauna lagert nicht als schweres Blockhaus, sondern als aussichtsreicher Terrassenpavillon neben dem Wohngebäude.

Ins Untergeschoss führt eine verglaste Treppe. Hier liegen drei Schlafräume, alle mit eigener Atmosphäre, und ein großes, innen sattgrün lackiertes Badezimmer. Das Saunahäuschen verschwindet unter einem Gründach. Eine schwebende Terrasse gibt den Blick frei ins Tal. Die Garage als schwarzer Kubus ist mit Lärchenlatten verkleidet. Kunst lässt sich leise ahnen mit den von Lies Bilowski bedruckten Glaselementen im Wohnhaus und Schriftinstallationen von Lois und Franziska Weinberger. Damit haben alle Häuser ihren Namen – wie es in früheren Jahrhunderten Brauch war.

Der Eingang liegt versteckt hinter einer schützenden Steinmauer.

Der massive Esstisch steht im Mittelpunkt – eine der möglichen Sitzgelegenheiten.

Keine falsche Bauernhausromantik: Der Ausblick aus dem Wohnhaus wird von technischen Details gerahmt.

Vom Badezimmer im Untergeschoss kann man direkt ins Freie gehen.

Zwischen der wiedererrichteten Bruchsteinmauer und der Schindelfassade führt die Treppe ins Untergeschoss. Die Zirbelstube ist von außen als durchgesteckter Stahlwürfel ablesbar.

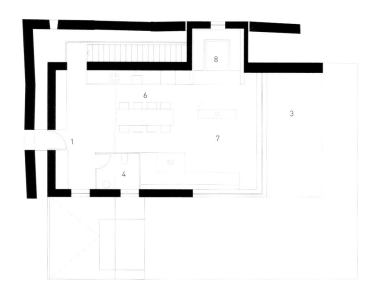

Obergeschoss M 1:200

Sauna M 1:200

Gebäudedaten

Grundstücksgröße: 37.000 m²

Wohnfläche: 222 m²

Zusätzliche Nutzfläche: 157 m²

Anzahl der Bewohner: 4

Bauweise: massiv

Primärenergiebedarf: 25 kWh/m²a

Baukosten: 680.000 Euwro

Baukosten je m² Wohn-
und Nutzfläche: 1.800 Euro

Fertigstellung: 2011

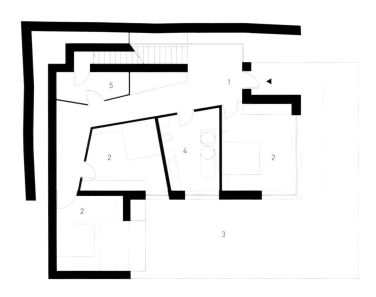

Erdgeschoss M 1:200

Lageplan

1 Zugang
2 Schlafen
3 Terrasse
4 Bad
5 Hauswirtschaftsraum
6 Kochen / Essen
7 Wohnen
8 Stube
9 Dusche
10 WC
11 Liegen
12 Sauna

Schnitt M 1:200

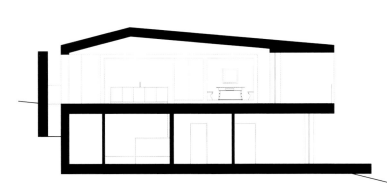

Gerd Bergmeister, Michaela Wolf, I-Brixen

„.... in der Landschaft, in der Mauer, um die Tradition ..."

EINFAMILIENHAUS BEI ULM

WERNER SOBEK

Der eingeschossige, unterkellerte Bungalow steht auf der rückwärtigen Gartenfläche eines älteren Wohnhauses und wird durch eine private Zufahrt erschlossen. Das Grundstück besitzt parkartige Qualität mit altem Baumbestand, was eine maximale Transparenz der Fassaden erlaubt. Die technische Besonderheit ist die „Triple Zero"-Güte des Hauses, d.h. Energieverbrauch, Emissionen und Bauabfall sind gleich null.

Die Bewohner erreichen es mit dem Auto durch die an der Rückseite unterirdisch angelegte Garage. Hier befinden sich neben Technik- und Kellerräumen auch ein Gästebad und eine Garderobe, eine Treppe führt nach oben in den gläsernen Pavillon, der bis auf zwei geschlossene Wandscheiben im Norden vollkommen verglast ist. Ein umlaufendes Sockelpodest und das auskragende Dach schützen die raumhohe, fast rahmenlose Glasfassade, hinter der vier schlanke Stahlstützen die notwendige Tragfunktion übernehmen. Über mächtige Schiebeelemente können Gäste das offene Wohnkontinuum betreten. Die Küche befindet sich in einer Nische, die man mit einer fahrbaren goldenen Wand abtrennen kann. Die nur andeutungsweise möblierte Wohnfläche wird ergänzt durch einen Medienraum an der Ostseite, von dem man durch eine Schleuse zwischen Ankleide und Bad das Schlafzimmer der beiden Bewohner erreicht.

Das Gebäude besteht aus einer hochgedämmten Mischkonstruktion mit betoniertem Untergeschoss und einem Erdgeschoss aus Holz. Da man auf Klebeverbindungen und Verbundkonstruktionen verzichtet hat, ist es weitestgehend recycelbar. Alle Materialien wurden so ausgesucht, dass sie in ihrem Lebenszyklus ressourceneffizient

Die Bodenplatte und das Dachschild begrenzen die offene Glasfassade. Das Haus hebt sich als Artefakt aus der gewachsenen Parklandschaft.

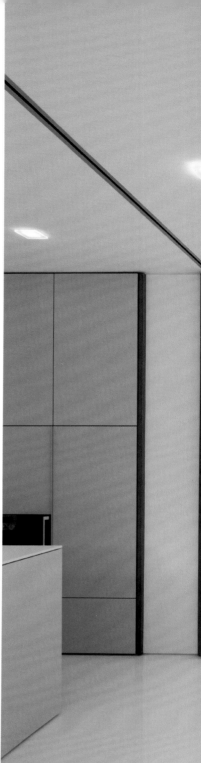

gewonnen, eingesetzt und weiterverwendet werden können. Auf dem Dach ist fast unsichtbar eine Photovoltaik-Anlage montiert, eine Be- und Entlüftungsanlage mit Wärmerückgewinnung bringt Komfort und eine günstige Energiebilanz, vertikale Erdsonden, Wärmepumpe und Fußbodenheizung bzw. -kühlung sorgen für eine gleichbleibende Temperatur. Insgesamt erzeugt das Haus mehr Energie, als es verbraucht. Vor allem die großzügige Verglasung erhöht passiv mit 66 Prozent die solaren Gewinne – und die Aufenthaltsqualität.

Der Eingang an der Ostseite erfährt keine Sonderbehandlung. Man muss nur die Glastür aufschieben.

Der Wohnraum changiert zwischen
Versuchsanordnung und puristi-
scher Lebensdisziplin. Hier wäre ein
missratenes Architekturdetail eine
Katastrophe.

Zimmer mit Einsicht. Erst die Gartenvegetation schützt die Bewohner in ihrer Glasmenagerie. In einem übertragenen Sinn gehört zur Einsicht aber auch, mit Architektur aktiv zur Energiegewinnung beizutragen.

Erdgeschoss M 1:200

1 Zugang
2 Wohnen
3 Essen
4 Kochen
5 Schlafen
6 Ankleide
7 Bad
8 Medienraum
9 Garage

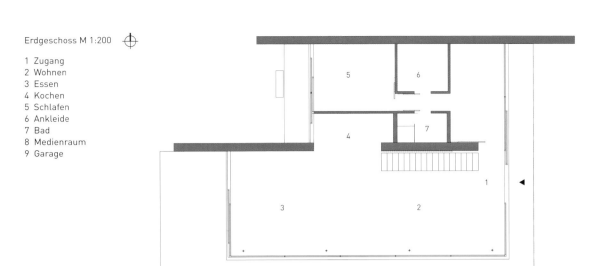

Gebäudedaten

Grundstücksgröße: 600 m²

Wohnfläche: 182 m²

Zusätzliche Nutzfläche: 80 m²

Anzahl der Bewohner: 2

Bauweise: Stahlskelett, UG: Beton,
EG: Holz

Energiebedarf: Die jährliche Bilanz
des Gesamt-Primärenergiekenn-
werts inkl. PV-Anlage wurde mit dem
Passivhaus-Projektierungspaket
bilanziert und erreicht insgesamt
eine Gutschrift von 22 kW/m²a.

Fertigstellung: 2010

Untergeschoss M 1:200

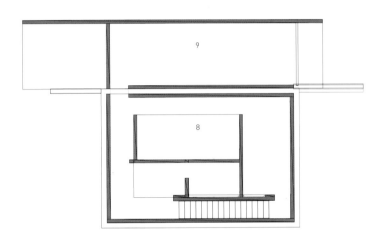

Schnitt M 1:200

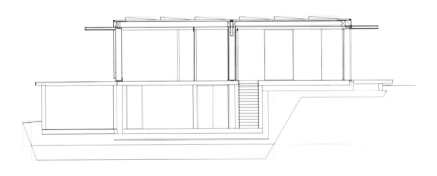

Werner Sobek, D-Stuttgart

„Wir müssen anders bauen. Unsere Häuser dürfen keine fossilen
Energieträger benötigen, keine schädlichen Emissionen tätigen und
keinen Abfall beim Bau, Umbau oder Abbau hinterlassen – sie müssen
also dem Triple-Zero-Konzept folgen."

Lageplan

HOFSTELLE IN RASEN / PUSTERTAL

MADRITSCH PFURTSCHELLER

Wie sieht ein Bauernhof heute aus? Bei diesem Haus handelt es sich um eine verlegte, neu errichtete Hofstelle im Pustertal, deren ruinöse Gebäude nicht mehr genutzt werden konnten. Die Auflage war, einen landwirtschaftlichen Betrieb zu bauen, der sich ruhig und geschlossen als ein einziges Haus in die Landschaft fügt und seine Wohnnutzung nicht nach außen signalisiert. So ergab sich ein kubischer Solitär. Er verbirgt hinter seiner senkrechten Bretterschalung als eigenständiges Volumen Wohn- und Stallnutzung und korrespondiert als neue „Unterwindschnur" mit der ähnlich großen „Oberwindschnur", dazwischen liegt ein eingezäunter Garten mit alten Bäumen.

Der geschlossen wirkende Holzwürfel steht als eigener Baukörper am Rand einer Geländesenke, die sich zeitweilig mit Wasser füllt. Die Fassade lässt die unterschiedlichen Funktionen nur erahnen, sie wirkt aus der Entfernung aber einfach und homogen. Zwei Wohnebenen liegen als Winkel um die Haustechnik und den Wirtschaftstrakt, der höhenversetzt das anschließende Gelände in Wiese und Garten trennt.

Der zweigeschossige Stall wird durch die Hangkante in den Hauskubus geschoben. Sein 4 Meter hohes Dach dient etwas versetzt als Terrasse für das Obergeschoss, somit ergibt sich eine Trennung von Menschen und Vieh. Der Stall kann von oben mit Heu beschickt werden. Im Erdgeschoss liegt eine große, räumlich etwas abgetrennte Küche, an den 3 Meter hohen Essplatz schließt zwei Stufen höher der Wohnraum an, der dadurch gemütlicher wirkt. Außer der Innentreppe führt eine Stiege an der Hauswand in eine separate Einliegerwohnung im Obergeschoss, hier könnte zum Beispiel ein Knecht wohnen.

Die Topografie trennt Wohnen und Arbeiten, der Grundriss teilt die Nutzungen noch einmal deutlich. Die obere Wohnterrasse über dem höheren Heuschober bleibt in der Großform des Gebäudes verborgen.

In der Hauptwohnung teilt sich die Familie jeweils gleich große Zimmer, die Eltern haben noch ein eigenes Bad und einen begehbaren Schrankraum. Die breite Diele ist als Wintergarten angelegt, sie wird von der von einer offenen Brettschalung umsäumten Terrasse belichtet und erweitert sich vor den Kinderzimmern zu einem Spielflur. Der knappe Keller ist so angelegt, dass er ebenerdig von Osten erschlossen werden kann. Wegen immer wieder anstehender archäologischer Grabungen musste eine tiefere Ausschachtung vermieden werden, das Grundstück wurde stattdessen aufgeschüttet.

Die Innenräume zeigen eher städtische Qualitäten, keine Spur von Bauernhaus und Südtiroler Folklore.

Die Zufahrt teilt sich, links unter der Treppe liegt der Wohnungszugang, rechts unterhalb der Hangkante erreicht man Stall und Geräteraum.

Die Gartenterrasse liegt am weitesten von Ackerbau und Viehzucht entfernt. Die privaten Lebensäußerungen sollten sich nicht in der Landschaft ablesen lassen.

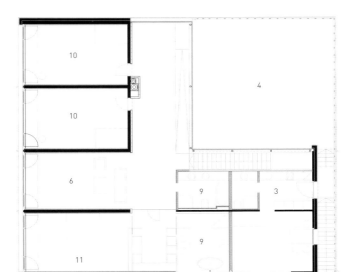

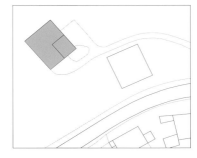

Lageplan

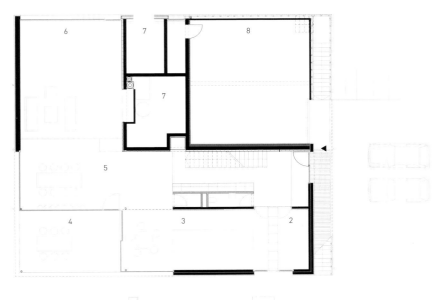

Erdgeschoss M 1:250

1 Zugang
2 Hauswirtschaftsraum
3 Kochen
4 Terrasse
5 Essen
6 Wohnen
7 Technik
8 Lager
9 Bad
10 Kind
11 Eltern
12 Ankleide

Gebäudedaten

Grundstücksgröße: Landwirtschaft

Wohnfläche: 319 m²

Zusätzliche Nutzfläche Stallungen:

206,28 m²

Anzahl der Bewohner: 4

Bauweise: Beton, Holz

Fertigstellung: 2010

Schnitt M 1:250

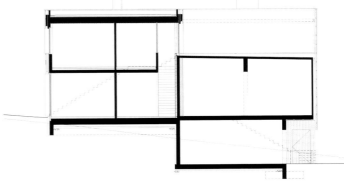

Reinhard Madritsch, Robert Pfurtscheller, A-Innsbruck

„Die Verlegung der Hofstelle (Unterwindschnur) wurde in Form einer Punktbebauung mit verschachtelter Wohn–Stall–Situation dem Solitär der alten Oberwindschnur gegenübergestellt."

WOHNHAUS IN ST. GEORGEN

SCHNEIDER ARCHITEKTEN

Nach einem Brand war das alte „Leibgeding" des Kammererhofs bei St. Georgen im Schwarzwald bis auf die Grundmauern zerstört. Es sollte so schnell wie möglich an alter Stelle wieder aufgebaut werden. (Unter „Leibgeding", auch Ausgeding oder Altenteil, versteht man ein zusätzlich mit lebenslänglicher Versorgung und Wohnrecht ausgestattetes Haus, das ein Bauer als Kompensation für die Übergabe seines Hofs an seine Kinder erhält.)

Das neue Wohngebäude wird von Nordosten erschlossen und öffnet sich mit weitem Blick ins Tal nach Südwesten. Durch die Hanglage können im Untergeschoss ein Gästezimmer sowie ein Arbeits- und Hauswirtschaftsraum belichtet und vollwertig genutzt werden.

Der Eingang liegt im Erdgeschoss, markiert und geschützt durch eine kleine Wandscheibe mit Vordach. Ein Windfang mit Garderobe und WC trennt die Treppe und den offenen Wohn-/Essbereich ab. Die Küche kann durch Schiebetüren, die in ein Schrankelement gleiten, abgeschlossen werden. Entlang der vollständig verglasten Südwestfassade verläuft ein Balkonsteg, der sich am Giebel zu einer

Terrasse erweitert. Schiebeladenelemente an der Balkonbrüstung lassen sich zur Verschattung nach Bedarf ausrichten.

Die einläufige Treppe führt ins Obergeschoss. Hier reihen sich mit jeweils 3 Meter Breite vier Zimmer und ein Bad aneinander, der Flur dient den Kindern als zusätzliche Spielfläche. Der Schlafraum der Eltern mit einer Ankleideschleuse ist großzügig übereck verglast und reicht bis unter das Dach, bei den drei Kinderzimmern wird die Höhe durch eine Galerie zum Schlafen oder Spielen genutzt, über dem Bad bleibt ein abgeschlossener Abstellraum. Die Fassade mit Verglasung und Balkon entspricht der Ebene darunter.

Ein klarer, sachlicher Neubau ergänzt nun das Bauernhofensemble. Das Bauholz wurde im eigenen Wald geschlagen. Die Eingangsseite nach Nordosten ist geschlossen, die hohen Lichtbänder schützen vor Einblicken.

Das Haus ist als Holzständerbau aus vorgefertigten Elementen errichtet. Innen sind die Wandbauteile mit Gipsfaserplatten, die gleichzeitig die Aussteifung übernehmen, beplankt. Zur Dämmung dienen Holzfaserplatten, nach außen folgt eine Schlagregenschutzbahn, auf die eine vorgegraute Lückenschalung aus Tannenleisten aufgeschraubt wurde. Die Geschossdecken und das Dach sind ähnlich ausgeführt. Auf dem Boden liegen Eichenstabparkett, in den Nassbereichen schwarze Fliesen. Geheizt wird mit Holz, da der Bauherr über eigenen Wald verfügt.

Der vorgefertigte Holzständerbau ist über einer Schlagregenschutzbahn mit vorgegrauten Tannenleisten verkleidet.

Wie im Hotel: Lauter gleich breite Räume liegen an der Türenflucht. Der Flur bietet sich als Spielfläche an.

Die fließende Wohnebene wird durch wenige Elemente gegliedert, die Küche lässt sich durch Schiebetüren abschließen.

Das Bad erreicht durch seinen Balkon Wellness-Standard.

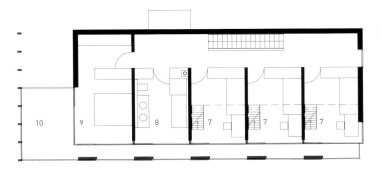

Dachgeschoss M 1:200

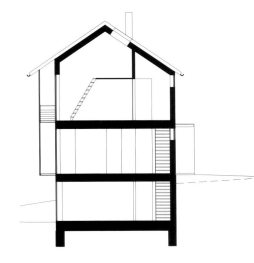

Schnitt M 1:200

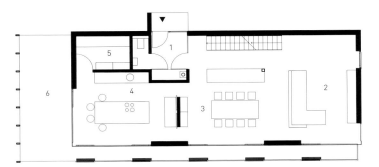

Erdgeschoss M 1:200

1 Zugang
2 Wohnen
3 Essen
4 Kochen
5 Vorräte
6 Terrasse
7 Kind
8 Bad
9 Eltern
10 Balkon
11 Hauswirtschaftsraum
12 Arbeiten
13 Gast
14 Technik
15 Holzlege

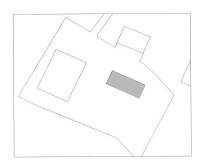

Lageplan

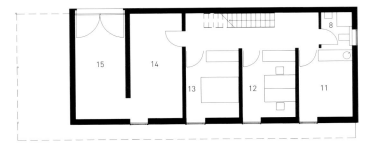

Untergeschoss M 1:200

Gebäudedaten

Grundstücksgröße: 333.716 m²

Wohnfläche: 210 m²

Zusätzliche Nutzfläche: 49 m²

Anzahl der Bewohner: 4

Bauweise: Holzständerbauweise

Heizwärmebedarf: 60,32 kWh/m²a

Primärenergiebedarf: 35,5 kWh/m²a

Fertigstellung: 2010

Dieter Schneider und Sabine Schneider, D-St. Georgen

„Bezeichnend ist immer die Situation des vollverglasten Badezimmers. Man kann hier, dank der freien unverbaubaren Landschaft, völlig blickgeschützt in der Badewanne liegen und die Natur genießen – Baden in der Landschaft sozusagen."

EINFAMILIENHAUS IN KÜSSNACHT

DANIELE MARQUES

Das Haus steht auf einem Hügel, der gegen Nordwesten zu einem Golfplatz hin abfällt und eine unverbaubare Aussicht über den Vierwaldstätter See sowie das Rigi-Massiv und die Berner Alpen bietet. Das Gebäude mit seinen drei Geschossen ist aus der Hanglage entwickelt. Die Erschließung erfolgt von der unteren Ebene, hier schiebt sich das Haus mit einem Sockel zur Straße, dahinter liegt ein Gartenhof verborgen. Über diese hermetisch wirkende Front lugt ein Laubbaum, der die private Eingangssituation markiert. Die Garagen fanden seitlich Platz im Berg. Zum Hof sind zwei Büros orientiert, außerdem verteilen sich hier Räume für Gesundheit und Wellness.

Das folgende Geschoss ist einer Einliegerwohnung vorbehalten. Von hier schaut man über den Gartenhof zum Golfplatz. Nach Südwesten schließt ein von außen zugänglicher Geräteraum an, über dem sich die Terrasse der Hauptwohnung fortsetzt. Jetzt kehrt sich nämlich die Orientierung um. Das Obergeschoss reicht eingeschossig in die Tiefe des Grundstücks nach Südosten. Es besitzt hohe, offene Räume und bietet nach drei Seiten großartige Ausblicke in die umgebende Landschaft. Schlafraum und Wohnraum flankieren den Grundriss,

dazwischen reihen sich eine Ankleidekammer, ein zur Terrasse offenes Bad und die Küche mit einem zusätzlichen kleinen Essplatz. Das weit auskragende Dach verbindet zum Außenraum, in den sich auch das geölte Eichenparkett als Deck um den Swimmingpool fortsetzt.

Während die Geschossdecken als glatte helle Scheiben das Lagernde des Hauses akzentuieren, geben die dunkleren Waschbetonwände dem Gebäude eine verlässlich stehende Präsenz. Die Außenwände sind innen gedämmt.

Die Seitenansicht zeigt nur die Hauptwohnung im Obergeschoss. Der Einlieger im massiven Unterbau orientiert sich zur Straße, im Sockel davor sind die Garagen verborgen. Der undurchschaubare Zugang über den Gartenhof gibt dem Haus eine fast wehrhafte Basis.

Daniele Marques, CH-Luzern

„Das Projekt entwickelt sich aus der Topografie heraus auf drei Geschossen ... Das Hauptgeschoss liegt wie ein Pavillon über den unteren Geschossen. Es zeichnet sich aus durch hohe, offene Räume und seine verschiedenen großartigen Ausblicke in die umliegende Landschaft."

Der Hof definiert das Private und hält das Wohnen auf Distanz zur Straße. Das Untergeschoss bietet Arbeitsräume, die Autos verschwinden im dunklen Berg.

Das Wohnbad der Hauptwohnung erreicht man durch eine Ankleideschleuse, die Terrasse erhöht den Genuss der Körperpflege.

Die Hauptwohnung erweitert das Gebäude wie ein Pavillon in den Garten, der samt dem Bergpanorama von allen Seiten im Blickfeld bleibt.

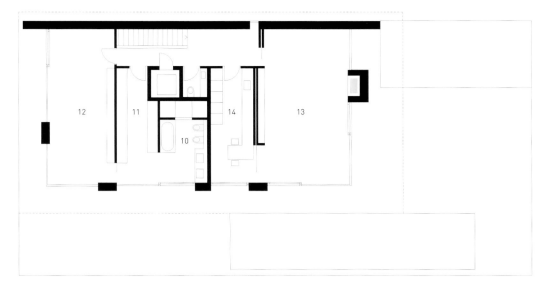

Obergeschoss M 1:200

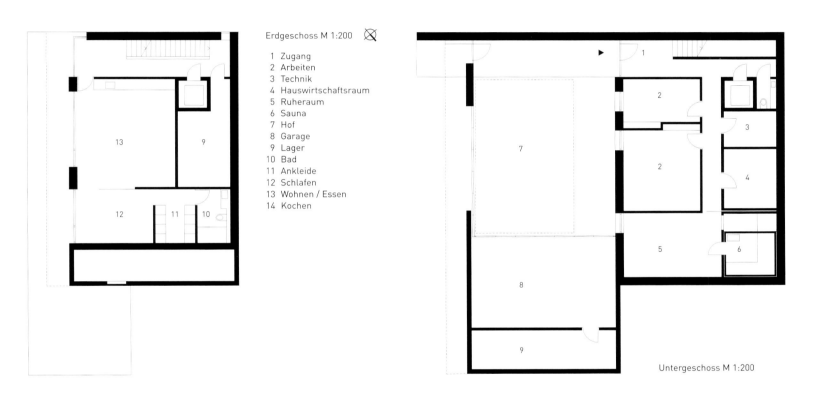

Erdgeschoss M 1:200

1 Zugang
2 Arbeiten
3 Technik
4 Hauswirtschaftsraum
5 Ruheraum
6 Sauna
7 Hof
8 Garage
9 Lager
10 Bad
11 Ankleide
12 Schlafen
13 Wohnen / Essen
14 Kochen

Untergeschoss M 1:200

Gebäudedaten

Grundstücksgröße: 803 m²

Wohnfläche: 262,5 m²

Zusätzliche Nutzfläche: 22,5 m²

Anzahl der Bewohner: 2–4

Bauweise: Sichtbeton

Baukosten: 3 Mio. CHF / 7.500 CHF/

m² Geschoßfläche

Fertigstellung: 2009

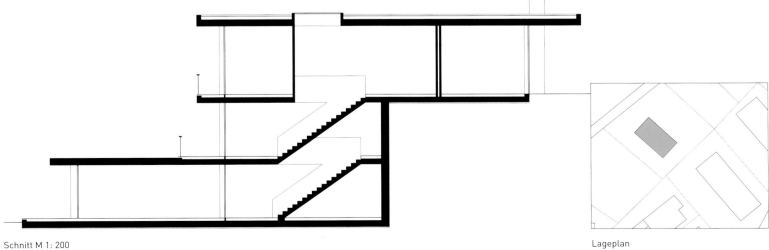

Schnitt M 1: 200

Lageplan

WOHNHAUS IN MELLAU

JÜRGEN HALLER UND PETER PLATTNER

Die Bauherrschaft hat ein Traumgrundstück erworben. Es liegt inmitten von Blumenwiesen, Obstbäumen und vor einer fantastischen Bergkulisse. Das alles wollten die naturverbundenen Bewohner in einem modernen, zeitgemäßen und nachhaltig entwickelten Haus erleben, einem Haus, das dennoch in die traditionell orientierte Kulturlandschaft des Bregenzer Waldes passt und nicht wie ein städtischer Fremdkörper in der Wiese steht. Die Lage ist ideal, von hier aus ist es nicht weit zum Dorfzentrum, gleichzeitig befindet man sich an der Bebauungsgrenze zum Naturschutzbereich.

Das zweigeschossige Gebäude ist in Holzriegelbauweise errichtet. Die lokale Vorliebe für Holz, die die Fassade aus Weißtannenschindeln nach außen demonstriert, entspricht dem Gebot der Ressourceneffektivität, es wurde im eigenen Wald des Bauherrn geschlagen und sorgfältig verplant. Die mit Zelluloseflocken gedämmten Wände haben eine Stärke von 42 Zentimetern.

Im Erdgeschoss liegt neben der eingeschobenen Garage, deren Tor unauffällig die Verschindelung fortsetzt, der Eingangsbereich mit Garderobe, Gäste-WC und Treppe. Die Küche mit einem von einer Bank gerahmten gemütlichen Essplatz schaut zur Straße, zur Gartenseite orientiert sich der Wohnraum mit einem mächtigen gemauerten Ofen. Separat gibt es noch ein Medienabteil. Eine in den Hauskubus geschnittene Terrasse erlaubt den geschützten Aufenthalt. Im Obergeschoss liegen zu beiden Seiten der Treppe, die als Rückgrat des Innenlebens begriffen wird und ein durchgehendes Arbeitspult bietet, einerseits Kinder- und Gästezimmer, gegenüber das Elternschlafzimmer mit eigenem Bad. Ein Hauswirtschaftsraum und zwei geräumige, tiefe Loggien schließen die Flanken der fast quadratischen Fläche.

Ein kompaktes Haus, bei dem alle Funktionen innerhalb einer introvertierten Kubatur angeordnet sind.

Links: Hinter dem Wohnraumfenster erkennt man den stattlichen Grundofen.

Geschickt gelöst ist die legere Verbindung von Wohnen, Kochen, Essen. Man ist zusammen, bei aller Offenheit spürt man eine funktionale Orientierung.

Links: Die bergende Hausform nimmt es auch mit ungünstigem Wetter auf. Selbst die Garage verbirgt sich hinter der traditionellen Holzverschindelung.

Der Essplatz umgibt als solides, schnörkelloses Gehäuse, eine breite Bank schafft Platz für unerwartete Gäste.

Das Hauptaugenmerk wurde auf die Ausstattung des Erdgeschosses gelegt. Hier sind die Räume mit schlichten Weißtannenbrettern vertäfelt, was ihnen eine schnörkellose und dennoch bergende, warme Anmutung verleiht. Im Gegensatz dazu sind Innenwände und Möbel aus weiß beschichteten Holzplattenwerkstoffen ausgeführt, das kontrastiert mit der Holzumgebung in einer gewissen Leichtigkeit. Die dreifach verglasten Holzfenster vermitteln in Anordnung, Größe und Höhe zwischen praktischer Funktion und Aussicht. Eine Wärmepumpe versorgt die Fußbodenheizung, eine kontrollierte Be- und Entlüftung ergänzt den hohen Energiestandard.

Die tiefen Balkone rahmen die Land-
schaftsbilder.

Den Eingang erreicht man entlang
der Garage auf einem geschützten
Steg.

Jürgen Haller, Peter Plattner, A-Mellau

„Die lokale Prägung des Hauses zeichnet sich durch eine Interpretation aus, die großen Wert auf die landschaftlichen Blickbezüge
und ästhetische Details legt, ohne funktionale Abstriche machen
zu müssen."

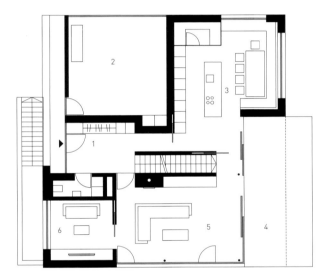

Erdgeschoss M 1:200

1 Zugang
2 Garage
3 Kochen / Essen
4 Terrasse
5 Wohnen
6 Medienraum
7 Schlafen / Ankleide
8 Bad
9 Hauswirtschaftsraum
10 Gast
11 Kind
12 Arbeiten
13 Lager
14 Technik
15 Wellness

Gebäudedaten

Grundstücksgröße: 838,5 m²

Wohnfläche: 207 m²

Zusätzliche Nutzfläche: 157,5 m²

Anzahl der Bewohner: 3

Bauweise: Holzbau

Heizwärmebedarf: 25 kWh/m²a

Primärenergiebedarf: 38 kWh/m²a

Fertigstellung: 2011

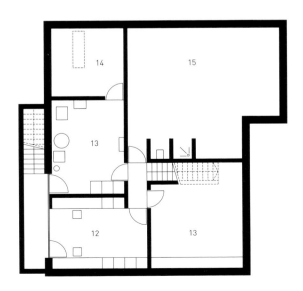

Untergeschoss M 1:200

Schnitt M 1:200

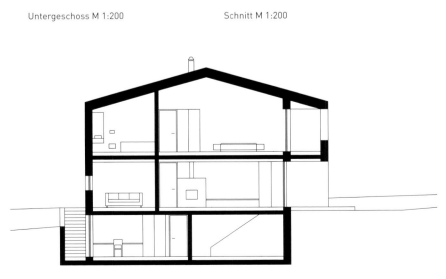

FERIENHAUS IN SAN NAZZARO

CONRADIN CLAVUOT

Der Neubau direkt am Ufer des Lago Maggiore wird als Ferienhaus genutzt. Hier in San Nazaro, einem ehemals selbstständigen Dorf gegenüber von Ascona, erwarten die Besucher aus dem kühlen Norden eine Idealumgebung mit viel Sonne und starken Gewittern, mit üppiger Vegetation, leuchtenden Farben und einer mediterranen Aura – unentbehrliche Zutaten für eine unbeschwerte Erholung.

Die Parzelle liegt direkt am Wasser, unmittelbar am öffentlichen Strand und an der 5 Meter höher gelegenen Kantonsstraße. Diese Position birgt allerdings ihre Tücken: Durch Schwankungen des Wasserspiegels um bis zu 6 Meter werden die angrenzenden Liegenschaften regelmäßig überflutet. Inzwischen sind Versicherungen nicht mehr bereit, für Schäden, die unter einer bestimmten Höhenlinie eintreten, aufzukommen.

Diese Bedingungen wurden beim Bau dieses Hauses berücksichtigt: Es wurde angehoben und lagert auf abgewinkelten Betonträgern, mit denen es eine Schatten spendende Pergola bildet. Seine Bodenplatte entspricht dem Scheitel der ringsum vorhandenen Natursteinmauern, auf denen die Betonwinkel aufliegen. Dadurch wird der vormals aus Restflächen gebildete Garten weitläufig und großzügig.

Der Wohnbereich ist mit astlosem Holzfurnier ausgekleidet. In der Mitte liegen die Nasszellen, um die herum sich alle weiteren Räume mit gemütlichen Nischen anschließen.

Der Platz am begehrten Ufer ist beschränkt und dem Hochwasser ausgesetzt. Als aufgeständerter Pavillon bietet das Ferienhaus Sicherheit, nutzt die knappe Parzelle und kapriziert sich als elegante Sommerfrische-Architektur auf den Ausnahmezustand der Ferien.

Unten links: Der kompakte Grundriss braucht kaum Verkehrsfläche. Die Küche bildet eine Art Eingangsschleuse. Der offene Innenraum entwickelt sich um eine Betonkern, aus dessen gemütlichen Nischen man nach draußen sehen kann.

Die rundum gleichmäßig mit verglasten Holzelementen geteilte Fassade bleibt unverstellt, man kann innen am Kern durch Küche, Wohnraum, zwei Schlafzimmer und Stauräume entlanggehen. Wenn die Türen geöffnet sind, werden die Wohnräume zur Terrasse.

Die privilegierte Lage am Wasser verlangte eine besondere Inszenierung der Ferienstimmung. Wenn es nachts erleuchtet ist, strahlt das Haus wie eine Laterne – und trotzt den Überschwemmungen.

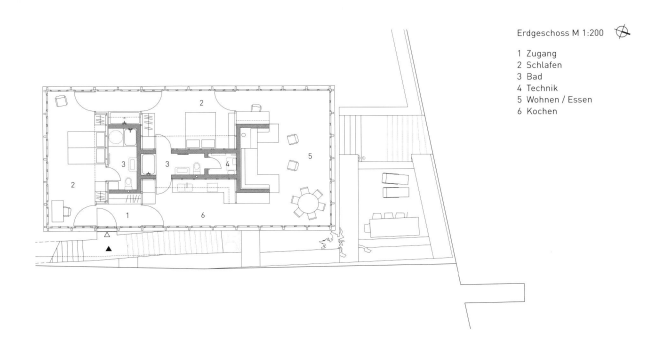

Erdgeschoss M 1:200

1 Zugang
2 Schlafen
3 Bad
4 Technik
5 Wohnen / Essen
6 Kochen

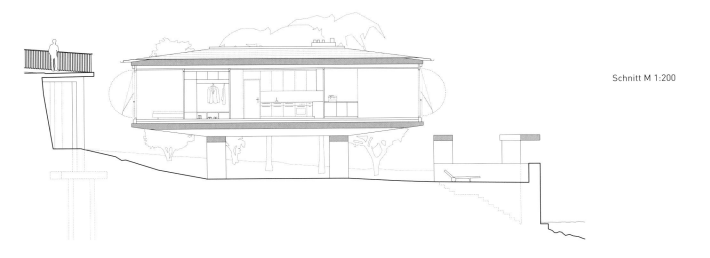

Schnitt M 1:200

Lageplan

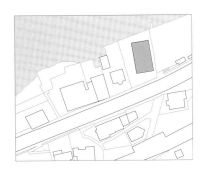

Gebäudedaten

Grundstücksgröße: 422 m²

Wohnfläche: 115 m²

Anzahl der Bewohner: 4

Bauweise: massiv

Heizwärmebedarf: 144 MJ/m²

Primärenergiebedarf: 40 kWh/ m² a

Baukosten: 1,18 Mio. Euro

Fertigstellung: 2012

Conradin Clavuot-Merz, CH-Chur

„Wenn die Fenster und Türen des Hauses geöffnet sind, werden die Wohnräume zur Terrasse."

193

WOHNHAUS BEI MÜNCHEN

AXEL STEUDEL ARCHITEKT

Die Konzeption des Hauses beruht auf einer intensiven Auseinandersetzung mit dem Grundstück und den Wohnvorstellungen einer dreiköpfigen Familie. Sie kulminiert in einer Architektur, die sich an vertraute Merkmale und Formen traditioneller Häuser anlehnt, sie jedoch in die Gegenwart holt und neu interpretiert.

Zur Straße steht das Haus zurückgesetzt, so ergibt sich ein gepflasterter Vorplatz, den man von der an den Garagenflügel anschließenden Küche überblicken kann. Die auf beiden Ebenen dreigliedrig angelegte Grundrissordnung bildet sich an der Fassade durch die symmetrischen Seitenrisalite ab, zwischen denen das mit Muschelkalk ausgekleidete Eingangsportal empfängt. Auf der Gartenseite ragen zwei flache Erker aus dem einfachen Volumen des Hauses, dessen Erdgeschoss durch einen Steinsockel und ein Gurtgesims umschrieben ist; darüber erhebt sich das durch seine hohen Fenster beherrschend wirkende Obergeschoss.

Die Grundrisse entwickeln sich um eine Diele, an die eine halbrund gewendelte Treppe anschließt. Im Erdgeschoss verteilt sich eine funktionale Folge von Wohnräumen, die durch zusätzliche Flächen wie Garderobe, Anrichte, Kaminzimmer, erweiternde Nischen, bündige Wandschränke, Flügel- und Schiebetüren, durch aufeinander bezogene Achsen und Symmetrien sowie einen umlaufenden Fries unter der Decke die architektonische Umschreibung einer gediegenen Haushaltsführung erhalten.

Die Gartenseite steht als geordnete Front, ein Gurtgesims zeichnet die Geschossteilung nach. Der Eingang betont mit architektonischen Indizien die bewusste Annäherung über einen Vorhof zur Schwelle des Hauses.

Weiße Einbauschränke lassen Platz für die gezielte Auswahl des notwendigen Mobiliars, die hohen Wände eignen sich als gediegenes Passepartout für die großformatigen Bilder.

Die Diele im Erdgeschoss liegt im Mittelpunkt. Laibungen und Leisten, Kassetten oder ein verlängerter Stufenantritt zeigen Freude am Gestalten.

Im Obergeschoss setzt sich um eine zentrale, von oben belichtete Halle das Spiel mit Ordnungen und Wegen fort. Die einzelnen Schlaf-, Kinder- und Arbeitszimmer werden hinreichend ergänzt von Zwischenfluren und Bädern: Man stolpert nicht einfach in die Räume, sondern entscheidet sich zum Betreten. Ein Salon zum Garten ergänzt die Wohnmöglichkeiten. Der Ausbau mit weiß lackierten Holzwerkstoffen folgt handwerklichen, bewährten Konstruktionen mit dem Ziel, eine angenehme Wohnatmosphäre zu schaffen. Das hoch gedämmte, einschalige Ziegelmauerwerk ist beidseitig verputzt, die Solbänke unter den weiß lackierten Holzfenstern sind aus Muschelkalk, das flach geneigte Zeltdach mit Zinkblech belegt. Zum Energiekonzept gehören eine Wärmepumpe und eine kontrollierte Wohnraumlüftung.

Vom Wohnraum führt ein Durchgang seitlich in ein Kaminzimmer.

Axel Steudel, D-Köln

„Innen wie außen bestimmen die gute Raumausnutzung und die handwerklich geprägte Bauweise die ausgewogene Atmosphäre des Hauses."

Die Haustür orientiert sich am Repertoire traditioneller Villen.

Die Holztreppe verbindet als eigenes Architekturelement harmonisch die Etagen.

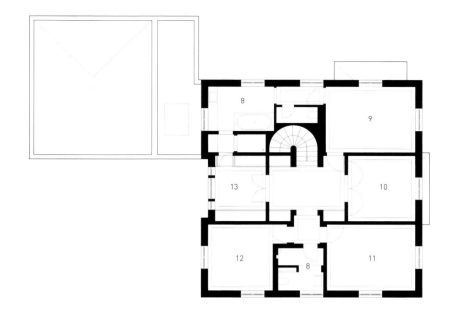

Lageplan

Obergeschoss M 1:200

Erdgeschoss M 1:200

1 Zugang
2 Garage
3 Hauswirtschaftsraum
4 Kochen
5 Essen
6 Wohnen
7 Kaminzimmer
8 Bad
9 Eltern
10 Bibliothek
11 Kind
12 Arbeiten
13 Ankleide

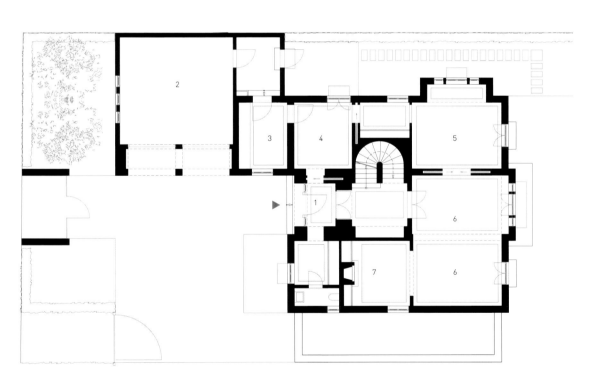

Schnitt M 1:200

Gebäudedaten

Grundstücksgröße: 996 m²

Wohnfläche: 273 m²

Zusätzliche Nutzfläche: 125 m²

Anzahl der Bewohner: 3

Bauweise: massiv

Heizwärmebedarf: 58,1 kWh/m²a

Primärenergiebedarf: 66,8 kWh/m²a

Fertigstellung: 2011

INNERSTÄDTISCHES WOHNHAUS

SCHINDHELM MOSER ARCHITEKTEN

Das Haus ergänzt eine locker situierte städtische Abfolge von Einzelgebäuden an einem größeren Platz. Auf seinem Grundstück wurde dafür ein älteres Gebäude abgebrochen. Eine stattliche Buche, die das Gelände bestimmt, konnte dagegen erhalten werden, was eine Verschiebung des Hauses im Baufenster nötig machte.

Seine Kubatur besteht aus übereinander gestaffelten, kantigen Baukörpern, die sich L-förmig um den dicht am Haus stehenden Baum stapeln. Die Terrassenflächen der einzelnen Geschosse erweitern die Innenräume und sorgen für einen unmittelbaren Außenbezug, die den Ort bestimmende Buche bleibt immer im Blick.

Der Haupteingang liegt an der Ostseite. Hier empfängt eine geräumige Halle, die von Garderobenschränken begleitet wird. Ein zweiter Eingang, der vornehmlich von den Kindern benutzt wird, ist an der Nordseite. Auch diesen Bereich säumen funktionale Einbauten. Die korrespondierenden Eingangszonen verbindet eine Treppenanlage. Nach unten führen die Stufen zu Schwimmbad, Gästezimmern und Garage, nach oben zu den privateren Schlafräumen, wobei die linear über

jeweils zwei Ebenen fortgesetzten Treppenläufe an einem Podest im Erdgeschoss umgelenkt werden, was dem Raum, auch durch die Glasbrüstungen, eine eigene Qualität verleiht.

Im Erdgeschoss erreicht man, klar von der Eingangshalle getrennt, den Wohnbereich. Seitlich vom zentralen Essplatz liegt einmal eine große Küche mit Eckbank, Speisekammer und Kühlzelle, zur anderen Seite führt der Raumfluss an einem abtrennbaren Arbeitszimmer vorbei zum Wohnraum mit Kamin. Im Hauswinkel unter dem Dach der Buche schließt eine geschützte Terrasse an.

Ein Haus, das einer Buche die Referenz erweist. Der alte Baum konnte erhalten werden, die übereinander gestaffelten Rechtkanten des Baukörpers führen auf jeder Ebene zu Terrassen. An soliden Industriebau erinnern die vermauerten alten Backsteine und die dunklen Stahlgeländer.

Die professionellen Ansprüchen genügende Küche bietet der Familie einen zweiten Essplatz.

Trotz Offenheit und Größe ist jeder Raum so gefasst, dass angenehme Proportionen entstehen.

Im Untergeschoss wartet ein 15-Meter-Becken auf ausdauernde Schwimmer.

Im Geschoss darüber kommt man in einer breiten Diele an, von hier geht ein Flur zu den Kinderzimmern ab. In einem eigenen Appartement können Gäste oder Großeltern wohnen. Auf der obersten Ebene gibt es für die Eltern zwei Zimmer, Bad und Dachterrasse.

Die Außenschale des Hauses ist aus Abbruchsteinen gemauert, hinter der Wärmedämmung steht eine tragende Betonkonstruktion. Die Holz-Aluminium-Fensterelemente unterbrechen die großflächigen Wandscheiben, sie rhythmisieren die Fassade. Sie lebt vom Farbenspiel der unterschiedlichen Ziegel und der besonderen Ästhetik des gebrauchten Materials, zusammengefügt im Wilden Verband. Im Kontrast dazu stehen die Brüstungen als dunkle Stahlrahmen mit engmaschigem Metallgewebe.

Erdgeschoss M 1:200

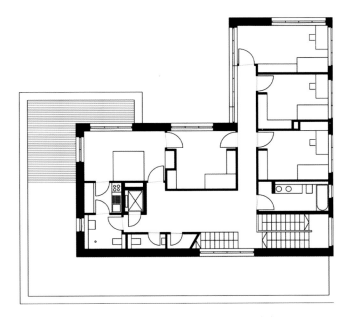

Obergeschoss M 1:200

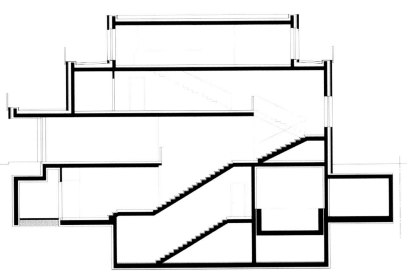

Schnitt M 1:200

Andreas Schindhelm und Jörg Moser, D–München

„Nicht das Haus als Objekt, sondern dessen Gestalt, der neu entstehende Organismus und das sich dort entfaltende Leben sind die entscheidenden Grundlagen unserer Architektur."

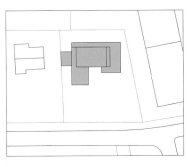

Lageplan

Gebäudedaten

Grundstücksgröße: 1.400 m²

Wohnfläche: 500 m²

Zusätzliche Nutzfläche: 500 m²

Bauweise: Stahlbeton mit handgeschlagenen Altziegeln (ca. 70 Jahre alt) und hinterlüfteter Dämmung

Primärenergiebedarf: 45 kWh/m²a

Fertigstellung: 2011

WOHNHAUS AM GLIENICKER SEE

JL ARCHITEKTEN

Das lange, schmale Grundstück liegt in Potsdam an einer Allee, parallel zum Westufer des Glienicker Sees. Alter Baumbestand mit Kiefern und Birken prägt die Umgebung entlang der Seepromenade.

Das Wohnhaus für eine vierköpfige Familie wurde aus städtebaulichen Überlegungen als einfacher kompakter Baukörper entwickelt. Seine deutlich strukturierte Fassade und das beherrschende Ziegelmaterial, außerdem die Anhebung über das Eingangsniveau geben dem Haus eine gewisse Präsenz gegenüber den Gebäudevolumen der benachbarten Mehrfamilienhäuser. Die Lage am Ufer legte eine eindeutige Orientierung nahe, das auskragende Pultdach unterstreicht diese Ausrichtung, entsprechend haben auch die Fenster zur Straßenseite schmale Formate, während zum See großflächige Glaselemente das Haus öffnen.

Zur Eingangsseite kragt das Obergeschoss aus, hier kann auch das Kaminholz trocken lagern; zur Seeseite ergibt sich unter dem Dachüberstand eine geschützte Terrasse. Das Erdgeschoss folgt dem abfallenden Gelände, sodass man von der Diele ein paar Stufen tiefer den offenen Wohn-, Ess- und Küchenbereich betritt. Die lichte Raumhöhe wächst damit auf 3,30 Meter und lädt ein, aus dem weitläufig wirkenden Raum über die gesamte Breite und Tiefe des Gebäudes die Landschaft zu erleben. Davon soll auch möglichst kein herumstehendes Mobiliar ablenken, weshalb Schränke, Garderobe und Bücherregal fest eingebaut wurden.

Die Straßenfassade betont das Lagernde des Gebäudes. Das Motiv der Fenster im Obergeschoss und der zu beiden Seiten verglasten Haustür changiert zwischen Einladung und privatem Rückzug.

Das Obergeschoss, das ein über die gesamte Hausbreite reichender, geräumiger Flur teilt, ist gleichzeitig als Schrankraum für die zur Seeseite gelegenen Schlafzimmer definiert. Licht kommt von den Seiten und über ein Dachoberlicht bei der Treppe. Zur Straßenseite gehen zwei Bäder und ein Arbeitszimmer.

Die Konstruktion ist solide als zweischaliges Mauerwerk mit Kerndämmung ausgeführt. Dach und Decken sind betoniert, die Fenster dreifach verglast, geheizt wird mit einer Gasbrennwerttherme.

Alter Baumbestand rahmt das Haus, nimmt aber nicht die Aussicht auf den See.

Obergeschoss M 1:200

Der Wohnbereich folgt dem Geländeverlauf, deshalb führen von der Diele aus einige Stufen nach unten. So ergibt sich eine stattliche Raumhöhe. Dank fester Einbauten genügt reduziertes Mobiliar, das den Ausblick nicht verstellt.

Erdgeschoss M 1:200

1 Zugang
2 Wohnen
3 Kochen / Essen
4 Bad
5 Gäste
6 Eltern
7 Kind

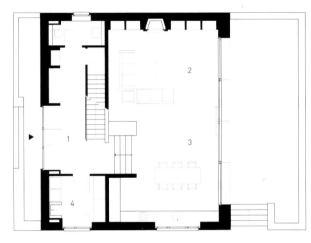

Erdgeschoss M 1:200

Jörg Liebmann, D-Berlin

„In dem gelb-weiß nuancierten Ziegelmauerwerk fand ich das Material, das mir vorschwebte. Es hat den Farbton des märkischen Sandes, auf den das Haus gebaut wurde, und bezieht sich auf den traditionell gelben Ziegel, so wie er in dieser Region im 19. Jahrhundert verbaut wurde."

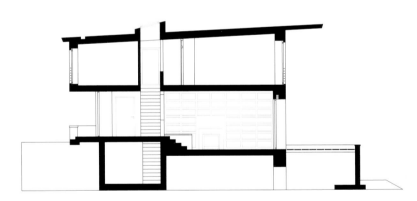

Schnitt M 1:200

Gebäudedaten

Grundstücksgröße: 1.397 m²

Wohnfläche: 214 m²

Zusätzliche Nutzfläche: 25 m²

Anzahl der Bewohner: 4

Bauweise: massiv

Heizwärmebedarf: 62,5 kWh/m²a

Primärenergiebedarf: 88,6 kWh/m²a

Baukosten: 474.000 Euro

Baukosten je m² Wohn- und Nutzfläche: 2.215 Euro (WF), 1.983 Euro (NF)

Fertigstellung: 2012

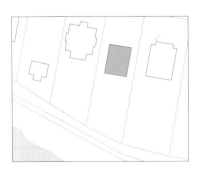

Lageplan

ERWEITERUNG UND UMBAU EINES WOHNHAUSES IN REGENSBURG

BERSCHNEIDER & BERSCHNEIDER

In den 1970er-Jahren wurde in einmaliger Lage über Regensburg ein Flachdachbungalow gebaut, der mit den Jahren einen ziemlich maroden Zustand erreichte. Aber seine Lage mit der großartigen Aussicht konnte die neuen Bauherren begeistern, zumal die Architekten erkannt hatten, welche Möglichkeiten zur Veränderung und Aufwertung in dem heruntergekommenen Gebäude steckten.

Nach Umbau und Erweiterung lässt sich von dem Bestandsgebäude, dessen tragende Außenwände einbezogen wurden, nichts mehr erkennen, es ist in der Interpretation des Neubaus völlig aufgegangen. Auf der Zugangsseite zeigt sich das Haus eher unscheinbar, von der Straße erkennt man nur das oberste Geschoss. Einige Stufen führen zum zurückgesetzten Eingang tiefer. Durch zwei flankierende Torbauten geht es über eine offene Brücke zum Gebäude, das hier lediglich mit einer großzügigen Garderobendiele empfängt. Beim Gang nach unten sieht man durch ein hohes Fenster, das in einem Atrium endet. Die weiten Ausblicke nach Süden über die Stadt genießt man erst, wenn man diese Ankunftszone durchschritten hat.

Hier auf der mittleren Ebene erreicht man um einen frei stehenden Kamin ein weitläufiges Wohnambiente, dessen offener Raum von einem kleinen Lesesalon und einem Weinkabinett ergänzt wird. Zur anderen Seite schließen Schlafraum mit Ankleide und eine natürlich belichtete Badelandschaft an. Von hier kann man über eine Wendeltreppe direkt in einen Arbeitsbereich ins Untergeschoss hinabsteigen, ein Großteil der Geschossfläche ist aber der Wellness vorbehalten. Zur sportlichen Fortsetzung lädt der Pool auf der Terrasse ein, daneben kann man auf einem geschützten Sitzplatz am Kamin ausruhen.

Eine große Villa, die auf allen Ebenen Annehmlichkeiten bietet. Die Kubatur staffelt sich hangabwärts, sie korrespondiert mit dem parkartigen Grundstück, das durch Loggien, Terrassen, Brücken und Stege immer wieder einbezogen wird.

Das Haus lagert als Komposition aus verschiedenen weißen Kuben in seiner aussichtsreichen Hanglage. Statt traditioneller Fenster erlebt man rahmenlose Glasflächen zwischen blickführenden Wandscheiben, zwischen Innen- und Außenräumen herrscht eine Balance mit fließenden Übergängen, ebenso korrespondieren die verschiedenen Wohnbereiche miteinander. Die Landschaft ist in den von Tageslicht durchfluteten Räumen immer wieder neu zu erleben. Bei Nacht zeichnet indirektes Kunstlicht die Flächen und Volumen nach.

Die Materialpalette bleibt klar und reduziert, ein Beispiel sind die aus schwarzem, gewachstem Stahl gebauten Treppen. Massives Holz für die Böden, einige Natursteinwände und lackierte Möbelflächen bestimmen den Kanon. Die präzise detaillierten Einbauten fallen meist gar nicht auf. Zur Energieversorgung dient ein Blockheizkraftwerk.

Aus der sprossenlos verglasten
Sauna bleiben Ruhebereich und
Pool im Blick.

Außen am Essplatz kann man an einer Bar die Küchenkreationen kosten. Die weitere Einrichtung, Vorratskammer und Aufzug sind hinter
den wandbündigen Türen verborgen.

Wenige Materialien und eindeutige
Raumgrenzen machen die Architek-
tur zu einem Passpartour für die
Aussicht über die Stadt.

Eine Brücke leitet von einem Torbau
ins Haus. Von der Garderobe sieht
man in den von Kunstwerken beglei-
teten Weg nach unten.

Geheimnisvoll und rätselhaft lockt
der Eingang. Dahinter empfängt erst
der schmale Riegel des oberen Ge-
schosses, von dem es zu den eigentlichen Wohnräumen abwärts geht.

Gudrun Berschneider, Johannes Berschneider, D-Pilsach

„Uns begeistert, wie der radikale Umbau mit Erweiterungen die triste
und marode 1970er-Jahre-Kiste in ein starkes Wohnhaus verwandelt
hat. Das Ergebnis: Architektur und Innenarchitektur mit höchstem
Qualitätsansprüchen in einmaliger Lage."

Obergeschoss M 1:300

1 Zugang
2 Garage
3 Luftraum
4 Schlafen
5 Bad
6 Terrasse
7 Weinkeller
8 Bibliothek
9 Wohnen / Essen
10 Kochen
11 Ankleide
12 Technik
13 Lager
14 Bad / Schlafen
15 Hauswirtschaftsraum
16 Pool
17 Arbeiten
18 Sauna / Wellness

Gebäudedaten

Grundstücksgröße: 2.451 m²

Wohnfläche: 450 m²

Zusätzliche Nutzfläche: 125 m²

Anzahl der Bewohner: 3

Bauweise: Beton / Holzbauweise

Heizwärmebedarf: 40,64 kWh/m²a

Primärenergiebedarf: 42,04 kWh/m²a

Fertigstellung: 2010

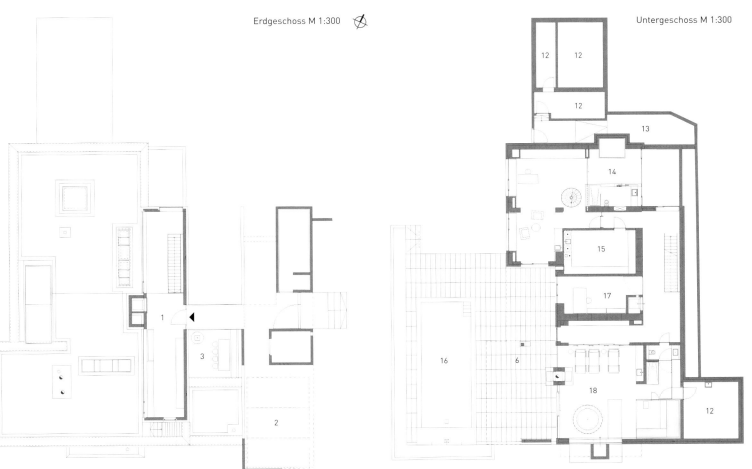

Erdgeschoss M 1:300

Untergeschoss M 1:300

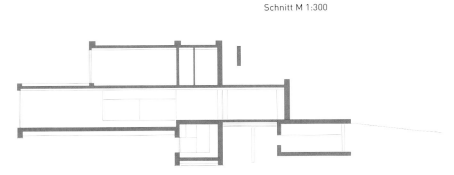

Schnitt M 1:300

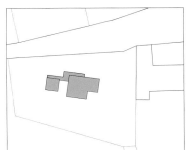

Lageplan

WOHNHAUS BEI METZINGEN

STEIMLE ARCHITEKTEN

Das Hanggrundstück liegt am Fuß des Metzinger Weinbergs, von hier erlebt man das weite Panorama der Schwäbischen Alb. Entsprechend entwickelt sich der skulpturale weiße Baukörper des Hauses, dessen Kanten den baurechtlichen Festsetzungen folgen und gleichzeitig mit Terrassen und Stegen jedes Geschoss mit dem steil ansteigenden Garten verbinden.

Erschlossen wird es von der unteren Zufahrtsstraße über eine schlanke Passage zwischen zwei Garagen. Der ins Gelände geschnittene Weg dramatisiert das Näherkommen. Der Eingang liegt zurückgesetzt in einem ausgesparten Gebäudevolumen – ein gestalterisches Motiv, das auf der obersten Ebene wieder aufgenommen wird.

Bereits im Eingangsbereich lässt sich die vielfältige Raumstruktur mit unterschiedlichen Höhen und Situationen erkennen. Hier im Hanggeschoss verbirgt sich außer den Nebenräumen ein Kino, im Hintergrund beginnt die geradlinige Treppenkaskade. Sie führt nach oben, erreicht nun mittig das Gartengeschoss, wobei die beidseitigen, vollständig verschließbaren Schiebetüren am Podest zeigen, dass dahin-

ter die persönlichen Räume liegen. Eltern- und Kinderbereich werden durch diese Treppenzäsur klar getrennt. Die beiden Kinder haben nach Süden jeweils ein Terrassenzimmer mit eigenem Bad und teilen sich ein gemeinsames Spielzimmer; die Eltern schlafen zur Hangseite, ihr offenes Reich ist durch frei stehende Einbauten für Badewanne, Dusch- und Ankleideblock gegliedert.

In Aussichtslage auf der oberen Ebene erreicht man den Großraum des Wohnbereichs. Die Treppe und die drei ausgesparten Terrassen-Ecken zonieren den Innenraum in Küche, Essplatz und Sitzecke.

An der Straßenseite zeigt sich das Haus als eigenständiger plastischer Baukörper: geschlossen zur Nachbarbebauung, offen zum Weinberg am Hang und zum Albpanorama.

Terrasseneinschnitte und Treppenbrüstung gliedern die offene Ebene.
Eine Dachverglasung belichtet den
tiefen Raum zusätzlich.

Ein Dachoberlicht lässt keinen Zweifel, dass man ganz oben angekommen ist. Die raumhohen Verglasungen erweitern den Innenraum
und lassen den Blick frei über die Stadt und die gegenüberliegenden
Waldhänge schweifen. Ein Steg führt in den oberen Garten.

Die geschlossenen Wandscheiben sind mit Einbauschränken ausgestattet. Wände und Decken sind wie der Baukörper außen mit weißem
Glattputz versehen. Auf dem Boden liegen bis zu 14 Meter lange
Douglasie-Dielen, außer in den Zugangsbereichen, dort wurde eine
hochglänzende anthrazitfarbene Verlaufsbeschichtung gegossen.

Die Stockwerke folgen der topografischen Kontur, selbst aus der oberen Wohnebene gibt es noch einen Zugang zum Garten.

Sämtliche weiß lackierten Einbaumöbel sind nach Entwürfen der Architekten angefertigt. Auf dem Boden liegen lange Dielen aus Douglasie.

Thomas Steimle, D-Stuttgart

„Ein markanter Baukörper sollte es werden: Wie bei einer bildhaueri-schen Arbeit sind die Ecken herausgeschnitten. Unterschiedlich orien-tierte Freibereiche entstehen und werden Teil des offenen Wohnbe-reichs. Es gibt keinen Flur, kaum Türen, alles ist offen."

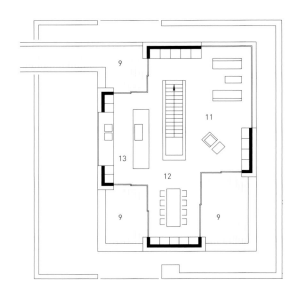

Obergeschoss M 1:250

Die Treppenkaskade lässt sich deu-ten. Hinter den (geschlossenen) Schiebetüren liegen die privateren Schlaf- und Kinderzimmer, zum Wohnen geht es nach oben, dem Licht entgegen.

218

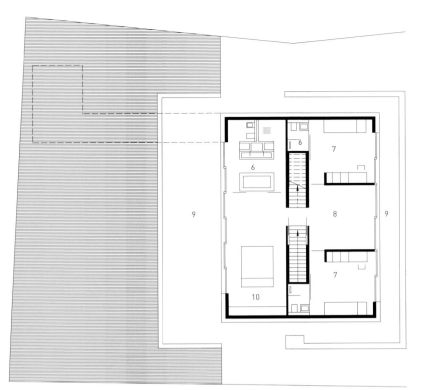

Erdgeschoss M 1:250

Lageplan

1 Zugang
2 Lager
3 Hauswirtschaftsraum
4 Kino
5 Weinkeller
6 Bad
7 Kind
8 Spielen
9 Terrasse
10 Eltern
11 Wohnen
12 Essen
13 Kochen

Untergeschoss M 1:250

Gebäudedaten

Grundstücksgröße: 1.300 m²

Wohnfläche: 287 m²

Zusätzliche Nutzfläche: 133 m²

Anzahl der Bewohner: 4

Bauweise: massiv

Heizwärmebedarf: 1,6 kWh/m²a

Primärenergiebedarf: 79,2 kWh/m²a

Fertigstellung: 2011

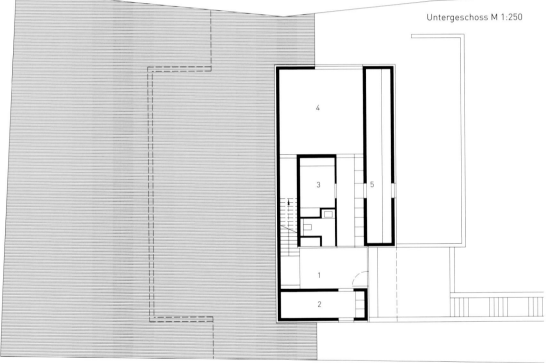

Schnitt M 1:250

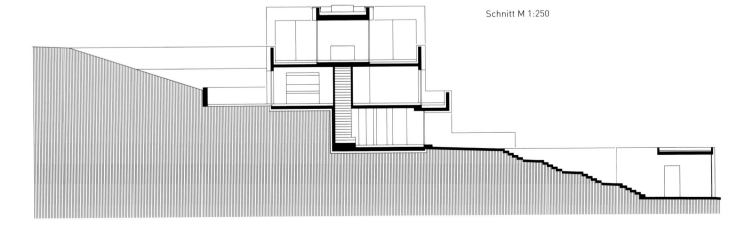

„VOLKSVILLA" IN HAMBURG-VOLKSDORF

LA'KET ARCHITEKTEN

Das Haus in Hamburg-Volksdorf interpretiert die klassisch-hanseatischen Bautypologien der Umgebung mit einer abstrakt modernen Kubatur. Der scharfkantig und flächig formulierte Körper mit seiner entschieden in offene oder geschlossene Flächen gegliederten Fassade konzentriert auf gewisse Art die Bauweise der Nachbarschaft. Sockellinie und Traufhöhe werden dabei respektiert. Seine kompakte Split-Level-Organisation setzt der flachen Topografie des schmalen Grundstücks eine künstliche entgegen. Die dadurch entstehenden Ebenen und zusätzlichen Absenkungen (Entree, Wohnraum und Dachterrasse) schaffen durch ihre unterschiedlichen Höhen spannende und abwechslungsreiche Raumfolgen.

Durch die Gebäudegeometrie mit der Auskragung auf der Eingangsseite entsteht ein überdeckter Vorbereich mit Stellplatz. Nach dem Entree geht es ein halbes Geschoss nach unten zu Lagerflächen und Haustechnik. Eine breitere Treppe führt nach oben in den Koch- und Essbereich, dann weiter zur Lounge-Mulde mit Bibliotheksnische auf der Wohnebene und in der Staffelung der versetzten Ebenen schließlich zu Kinderzimmer, Elternschlafzimmer und Dachterrasse.

Die Grundrisse entwickeln sich zwischen den Treppenläufen um einen „dienenden" Mittelkern, wobei die Privatheit der Räume nach oben zunimmt. Die relativ flachen Trittstufen sind zum Teil offen und ergeben so eine bessere Verbindung zwischen den Geschossen. Über der Eingangstreppe bleibt ein schmaler Luftraum, der die gesamte Höhe des Hauses erleben lässt.

Die Ziegelfassade orientiert sich an der Umgebung. Ihre „papierhafte" Behandlung setzt zusammen mit den großen Glasflächen dem massiven Quader Leichtigkeit entgegen.

Städtebau als Fortsetzung mit gleichen Mitteln, aber in abstrakter Ordnung. Die flache Topografie wird durch Absenkungen und versetzte Ebenen konterkariert. Der Stellplatz unter der Auskragung vermeidet das Vorstadtgaragenbild.

Küchentresen als Informations-Desk, hier kommt man immer vorbei auf dem Weg nach oben. An den Essplatz schließt eine holzbelegte Terrasse an.

Die offenen, flachen Stufen und ein durchgehender Luftraum stellen eine Verbindung zwischen den Ebenen her.

David Lagemann, Tim Kettler, D-Hamburg

„Ein klassischer Bungalow lebt immer von dem Ausblick. Wir wollten hier weiter gehen und die Natur in das Gebäude integrieren – Licht, Luft und Laub physisch erfahrbar machen."

Durch die Akzentuierung in teils konstruktive vertikale und horizontale Fugen wird eine weitere Belebung erreicht. Der Mauerwerksverband lässt durch subtile Diagonalen eine „gewebte" Textur entstehen.

Im Innenraum bestimmen Sichtbetonwände in Verbindung mit Eichendielen (Wohnen) und hellem Linoleum (Schlafen) die Räume. Die Sonderbereiche der Senken sind durch andere Materialien oder Farben abgesetzt.

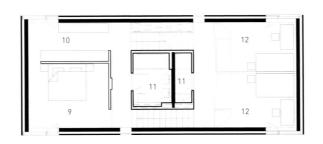

Obergeschoss M 1:200

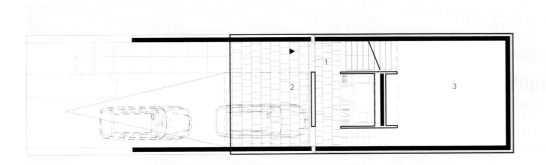

Erdgeschoss M 1:200

1 Zugang
2 Stellplatz
3 Keller
4 Wohnen
5 Abstellraum
6 Kochen
7 Essen
8 Terrasse
9 Schlafen
10 Ankleide
11 Bad
12 Kind

Untergeschoss M 1:200

Lageplan

Schnitt ohne Maßstab

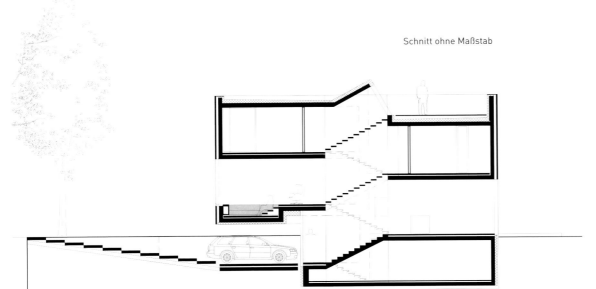

Gebäudedaten

Grundstücksgröße: 681 m²

Wohnfläche: 185 m²

Zusätzliche Nutzfläche: 45 m²

Anzahl der Bewohner: 3

Bauweise: massiv

Heizwärmebedarf: 56,19 kWh/m²a

Primärenergiebedarf: 66,3 kWh/m²a

Fertigstellung: 2010

STADTHAUS IN KÖLN

BACHMANN BADIE ARCHITEKTEN

Dieses Haus musste widersprüchliche, nahezu unvereinbare Bedingungen erfüllen: Das beengte Grundstück, eine Baulücke, liegt mitten im Zentrum von Köln, dennoch wünschte sich der Bauherr offene, lichtdurchflutete Räume und ein Wohnzimmer mit einem großen Außenraum als gedeckte Terrasse. Im Erdgeschoss sollte es Platz für ein separat zugängliches Atelier geben.

Als Lösung bot sich die Stapelung der Räume auf vier Etagen an, wobei bis auf die beiden Schlafzimmer im Dachgeschoss jeweils ein großer Raum mit hoher Glasfassade Großzügigkeit vermittelt. Die optische Trennung zur Straße übernimmt eine kunstvoll durchbrochene Metallfassade. Von außen betrachtet, verleiht sie dem Haus eine geheimnisvolle, fast sakrale Wirkung. Im Erdgeschoss schließt die mit quadratischen Öffnungen perforierte Hülle noch weitgehend die Glasfront des dahinter liegenden Ateliers, mit zunehmender Höhe werden die Aussparungen jedoch größer, und dann löst sich die Fläche in den beiden darüber liegenden Stockwerken in filigrane Flachstahlgeländer auf. Das bis auf ein schmales Fenster geschlossene Dachgeschoss zeichnet nur noch den Rhythmus der Stahlprofile nach.

Der Materialkanon verändert sich ebenfalls. Im Erdgeschoss herrscht eher eine kühle Atmosphäre, der Hof wurde mit Blaubasalt gepflastert, daran schließt im Atelier grünes Linoleum an. Die Fassadenscheiben werden von anthrazitfarbenen Aluminiumprofilen gehalten, nach oben führt eine Treppe aus gekantetem Schwarzstahl. In den übrigen Geschossen wird die Stimmung wärmer, hier geht man auf lichtbraunem Bambusparkett, die Fensterprofile sind aus Holz.

Ein Lichtblick in unauffälliger Umgebung. Die weiße Fassade mit ihrem raffinierten Ornament macht das Haus zu einem Schmuckstück. Das Atelier auf Straßenhöhe entzieht sich durch den Metallschirm noch den Blicken; in den höheren Geschossen lösen sich die Flächen in Geländerprofile auf.

Im ersten Obergeschoss steht vor einer Küchenwand zentral der Esstisch, auf der Ebene darüber folgt der Wohnraum, der an der Brandwand zum Nachbarn von einer bis zum Hof reichenden, mit Kunstrasen ausgelegten Loggia flankiert wird, unterm Dach liegen zwei Schlafzimmer, die sich ein Bad teilen. Das Flachdach darüber lässt sich als weitere Terrasse nutzen.

In den Wohnzimmern liegt warmtoniges Bambusparkett, die Treppenaufgänge sind farbig abgesetzt (rechts).

Die gepflasterte Fläche vor dem Atelier gehört eindeutig zum Außenraum. Er reicht bis zum Innenhof.

Die Loggia vor dem Wohnraum ist mit hochwertigem Kunstrasen ausgelegt.

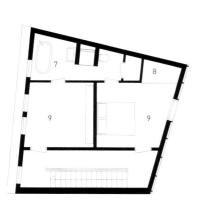

Dachgeschoss M 1:200

Gebäudedaten

Grundstücksgröße: 97 m²

Wohnfläche: 190 m²

Zusätzliche Nutzfläche: 3 m²

Anzahl der Bewohner: 3

Bauweise: massiv

Heizwärmebedarf: 60 kWh/m²a

Primärenergiebedarf: 64 kWh/m²a

Baukosten: 420.000 Euro

Baukosten je m² Wohn-
und Nutzfläche: 2.170 Euro

Fertigstellung: 2011

Lageplan

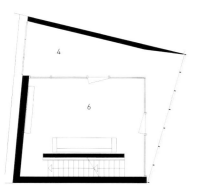

2. Obergeschoss M 1:200

Schnitt M 1:200

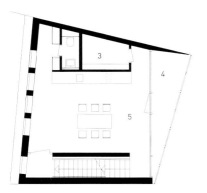

1. Obergeschoss M 1:200

Erdgeschoss M 1:200

1 Zugang
2 Arbeiten
3 Hauswirtschaftsraum
4 Terrasse
5 Kochen / Essen
6 Wohnen
7 Bad
8 Ankleide
9 Schlafen

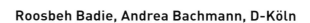

Roosbeh Badie, Andrea Bachmann, D-Köln

„Diese Wohnhaus lebt von der Durchdringung von Außenraum und Innenraum. In jedem Geschoss gibt es nur einen großen Raum, der sich durch die raumhohen Glasfassaden jeweils vollständig zum Innenhof oder zur Terrasse öffnet."

WOHNHAUS IN MONTABAUR

ARCHITEKTURBÜRO FACHWERK4

Von außen unterscheidet sich das Haus kaum von anderen in diesem Buch vorgestellten Beispielen. Es könnte sich um eine große Villa handeln, in der zwei Personen ihren luxuriösen Lebensstil entfalten. Tatsächlich birgt der skulpturale Baukörper aber drei ganz unterschiedliche Wohnungen von maßvoller Größe, die zu einer kompakten Einheit in der Dimension eines formidablen Einfamilienhauses zusammengefasst wurden.

Eine Familie wohnt auf zwei Etagen und hat im Erdgeschoss, wo Schlaf-, Kinderzimmer und eine komfortable Arbeitsnische angeordnet sind, Anschluss an den Garten. Sie bevorzugt auf der Eingangsebene einen offenen Allraum, in dessen Zentrum ein von drei Seiten zu erlebender Kamin steht. Über die große Dachterrasse kann man ebenfalls in den Garten gehen. Auf gleicher Höhe liegt eine Single-(auch zwei-Personen-)Wohnung, die sich mit einer geschützten Loggia nach draußen erweitert. Die dritte Wohnung ist als Penthouse für ein kinderloses Paar gedacht. Auch hier hat man sich für einen offenen Wohnraum entschieden, von dem nur Schlafräume und ein ansehnliches Bad mit Sauna abgetrennt sind. Ein Arbeitskabinett

kann durch ein Schiebelement abgeschlossen werden. Die Attraktion ist die um eine Wasserfläche angelegte große Dachterrasse.

Alle Wohnungen haben auf Straßenniveau ihre eigene Haustür in einer Eingangsnische, in der sich die Mahagoni-Leisten der Garagentore fortsetzen. Sonst dominiert die weiße Putzfassade das schlicht strenge Haus, ergänzt von Sichtbetonelementen. Der Terrassenkubus, der sich auf der Gartenseite wie eine Schublade aus dem Baukörper schiebt, ist grau abgesetzt. Die großen Fenster öffnen den Kubus nach Südwesten, die Straßenfassade im Nordosten bleibt verschlossen, was sich auch im KfW-60-Standard niederschlägt.

Zur Gartenseite hat das Haus drei Geschosse. Jede Partei genießt ihren eigenen Freiraum. Zur Straße übernimmt der Baukörper mit zwei Geschossen die Höhe der Nachbarn, die Fassade grenzt sich ab. In der geschützten Nische liegen alle drei Hauszugänge.

Die große Dachterrasse der oberen Wohnung, wohl Treffpunkt der Hausgemeinschaft, wird durch ein Wasserbecken und eine windgeschützte Nische gegliedert.

Gebäudedaten

Grundstücksgröße: 963 m²

Wohnfläche: 460 m²

Zusätzliche Nutzfläche: 60 m²

Anzahl der Bewohner: 9

Bauweise: massiv

Primärenergiebedarf: 60 kWh/m²a

Baukosten: 760.000 Euro

Baukosten je m² Wohn-
und Nutzfläche: 1.650 Euro

Fertigstellung: 2009

Auch innen ist die weiße Farbe vorherrschend, damit kontrastiert der Warmton der geölten Eichendielen. Alle Türen sind raumhoch und wie die Fußleisten flächenbündig mit Schattenfuge eingebaut. Perfektion sollte sich an Kleinigkeiten ablesen lassen.

Die Bauherrengemeinschaft verwirklichte mit ihrem Haus unterschiedliche Bedürfnisse. Der Vorteil ist eine zwanglose Symbiose aus Nähe und Nachbarschaft, ohne dass man einer Wohngemeinschaft ausgeliefert ist. Investitionen für Grundstück, Bau, Betrieb und Unterhalt werden geteilt.

Im Zentrum der Familienwohnung knistert ein nach drei Seiten offener Kamin; die weißen Lamellen verbinden mit der Treppe zur unteren Schlafebene. Der rechte Winkel bestimmt die Hausordnung.

Alle Wohnungen folgen einer gemeinsamen Räson, wie ein Thema mit Variationen: hier der Essplatz im Penthouse hinter der verglasten Diele

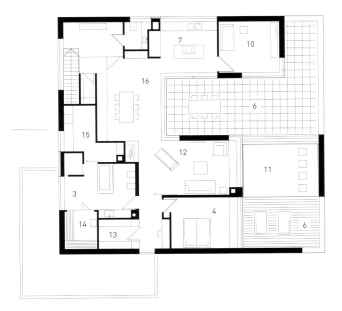

Obergeschoss M 1:200

Andreas M. Schwickert, D-Wirges

„Wir verstehen uns als ein innovatives Team, das mit viel Hingabe und hohem Anspruch zeitgemäße Architektur umsetzt – immer im besten Sinne für die Bauherren und getreu der Maxime: Es sind Kleinigkeiten, die Perfektion ausmachen, aber Perfektion ist keine Kleinigkeit!"

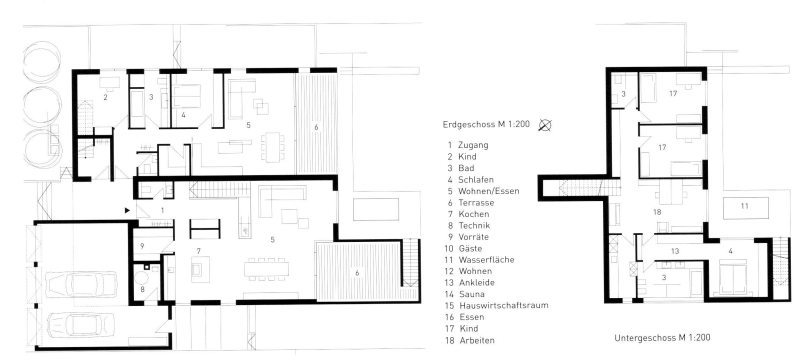

Erdgeschoss M 1:200

1 Zugang
2 Kind
3 Bad
4 Schlafen
5 Wohnen/Essen
6 Terrasse
7 Kochen
8 Technik
9 Vorräte
10 Gäste
11 Wasserfläche
12 Wohnen
13 Ankleide
14 Sauna
15 Hauswirtschaftsraum
16 Essen
17 Kind
18 Arbeiten

Untergeschoss M 1:200

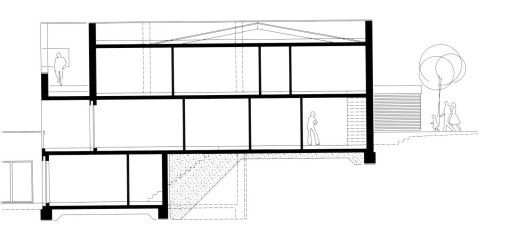

Schnitt M 1:200

Lageplan

WOHNHAUS MIT ATELIER IN HALDENSTEIN

ROBERT ALBERTIN

Das steile Baugrundstück liegt direkt am Dorfkern, von hier führt die Straße zu den Haldensteiner Alpen. Nach Osten und Westen erlebt man das großartige Panorama des Rheintals, gleichzeitig die direkte Nähe zum Dorf. Zum Raumprogramm des Hauses gehörte eine 4 ½-Zimmer-Wohnung und ein Atelier, das sich auch als 2 ½-Zimmer-Wohnung abtrennen ließe. Maßgebend für den Entwurf war, dass jeder Raum eine besondere Aussicht erhält.

Das Untergeschoss reagiert auf den Höhenversatz zur Straße. Es bildet einen Sockel mit Garage, Keller und zwei Eingängen sowie dem Atelier direkt vor einem gewachsenen Felsen, der abends den Sonnenuntergang ins Haus reflektiert. Diese Hangsicherung war dem schwierigen Baugrund geschuldet. Sie verankert das Gebäude im Gelände und ergibt ein breiteres Erdgeschossplateau.

Das Geschoss darüber birgt den eigentlichen Wohnraum mit Küche und Esszimmer, hier genießt man die Aussicht nach Süden in die Berge, das Dorf und die Stadt Chur. Durch die Aufnahme der Hangneigung geht es jeweils eine bzw. zwei Stufen tiefer, vom Küchentresen über

den Essplatz zum Wohnraum, den der von zwei Seiten zu befeuernde Kamin abtrennt. Ein weiterer Büroraum wird über eine eigene Treppe erschlossen, was für eine spätere fremde Nutzung vorteilhaft ist.

Im Dachgeschoss erreicht man drei Schlafzimmer, vom Treppenflur bleibt man durch eine galerieartige Aussparung mit dem Wohngeschoss in Verbindung. Balkone unter beiden Giebeln konkurrieren mit der Aussicht. Die Nassräume flankieren den Treppenkern.

Ein Sockel gibt dem aus vorfabrizierten Holzelementen gebauten Haus Halt am unsicheren Steilhang.

Balkone oder Terrassen lassen den
Mehrwert der aussichtsreichen Lage
genießen. Jedes Zimmer hat seinen
speziellen Ausblick.

Ein Tunnelkamin trennt Wohnraum
und Essplatz. Die Hangneigung wird
durch Stufen im Innenraum abgebildet. Die Innenausstattung bleibt
zurückhaltend, als sollte nichts mit
der Aussicht konkurrieren.

Gebaut ist das Haus oberhalb des betonierten Untergeschosses aus
vorgefertigten Holzbauelementen (CLT), die als geschosshohe Brett-
sperrholzscheiben zur Baustelle gebracht wurden. Das zur Talseite
fensterlose Obergeschoss ist als Überzug des Tragwerks konstruiert.
Er trägt die Lasten auf die Giebelwände im Erdgeschoss ab, so ergab
sich eine stützenfreie Fassade mit Aussichtsverglasung.

Durch die herausragende Lage und die Nachbarschaft zu einem alten
Holz-Chalet entschied man sich für eine zurückhaltende Farbgebung.
Die anthrazitfarbene Hülle legt sich wie eine Kappe über das Gebäude.
Das Haus erfüllt den Minergie-Eco-Standard, das heißt Passivhausan-
forderungen mit hohen gesundheitlichen und ökologischen Qualitäten.

Ein geschosshoher Überzug im Dachgeschoss ermöglichte die stützenfreie Panorama-Verglasung auf der Wohnebene.

Gebäudedaten

Grundstücksgröße: 615 m²

Wohnfläche: 183 m²

Zusätzliche Nutzfläche: 44 m²

Anzahl der Bewohner: 3 (Wohnung), 4 (Atelier)

Bauweise: Holzelement-Konstruktion mit Betonsockel

Primärenergiebedarf: 3,8 kWh/m²a

Baukosten: 820.000 CHF

Baukosten je m² Wohn- und Nutzfläche: 3.110 CHF

Fertigstellung: 2009

Robert Albertin, CH-Haldenstein

„Mich faszinierte die Lage des Grundstücks mit der schönen Aussicht und der Nähe zum Dorf. Die räumliche Umsetzung der vier Himmelsrichtungen im Projekt interessierten mich; so entstanden Räume mit unterschiedlichen Qualitäten."

Dachgeschoss M 1:200

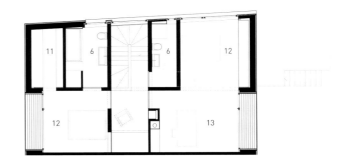

Erdgeschoss M 1:200

1 Zugang
2 Keller
3 Garage
4 Technik / Hauswirtschaft
5 Arbeiten
6 Bad
7 Wohnen
8 Essen
9 Kochen
10 Freisitz
11 Ankleide
12 Schlafen
13 Zimmer

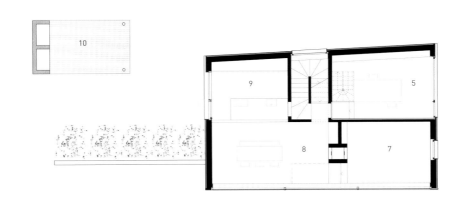

Untergeschoss M 1:200

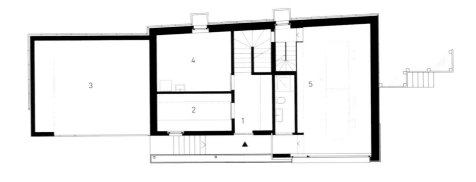

Schnitt M 1:200

Lageplan

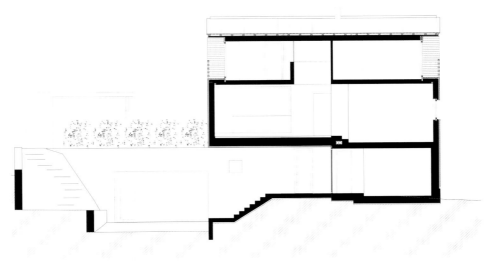

WOHNHAUS ÜBER DEM WALGAU

AICHER ARCHITEKTEN

Das Grundstück liegt an einem Südhang mit Blick auf den Walgau und die Rätikongruppe. Am äußersten Rand des Siedlungsgebiets wird es an der Nordseite direkt von Wald begrenzt. Die Planung des Hauses musste außer den geografischen Bedingungen zwei Vorgaben folgen: Der Baugrund wurde mittels Geomantie untersucht und in unterschiedlich zu nutzende Zonen eingeteilt. Außerdem durfte das Gebäude eine relativ kleine, von der Genehmigungsbehörde festgelegte Fläche – die aus einer älteren Planung resultierte – nicht überschreiten. Diese Konditionen führten zu einer sehr komplexen Lösung der Bauaufgabe.

Die Erschließung liegt im Erdgeschoss neben der Garage in einer geschützten Nische. Hier betritt man eine zentrale Halle, aus der eine Treppe nach oben führt. Das Kellergeschoss mit Garderobe, Werkstatt, Waschküche, Weinkeller und Technik erreicht man durch eine mit Einbauschränken ausgestattete Schleuse über eine separate Treppe.

Die Halle, das Herzstück des Hauses, wird von einer über zwei Ebenen reichenden Stampflehmwand bestimmt. Horizontal ablesbare Schichten und vertikale, keilförmig eingeschnittene Schlitze im Obergeschoss prägen diese Wandskulptur. Sie erhält durch das Streiflicht der Oberlichtverglasung zusätzliche Präsenz. Auch der Hallenboden wurde aus Stampflehm hergestellt. Im Kontrast dazu sind die hölzernen Treppenstufen an der gegenüberliegenden Wand offen eingespannt und vermitteln Leichtigkeit.

Gras darf wieder wachsen. Das überwiegend mit natürlichen Materialien nach geomantischen Untersuchungen gebaute Haus steht in einer saftigen Wiese am Waldrand.

239

Im Erdgeschoss sind Wohnbereich und Küche mit Essplatz versetzt um diese massive Mitte angeordnet. Im Obergeschoss verteilen sich das Schlafzimmer der Eltern, Kinderzimmer, Bäder, Ankleide und ein Wellnessraum im steten Wechsel um die Lehmwand, die sich im offenen Treppenhaus in voller Höhe erleben lässt. Zu den weiteren natürlichen Indizien gehören Eichenböden und -möbel, seidige Kalkglätte auf den Böden der Nassräume und glatte, weiße Lehmputzwände.

Das Äußere ist durch aufeinander abgestimmte Materialien geordnet: Sichtbeton definiert die Geschossdecken, eine Klinkervormauerung die Wände im Obergeschoss, Holz die Zugänge, und raumhohe Glaselemente geben den Blick ungehindert frei in die grandiose Landschaft.

Wohnraum und Küche mit Essplatz sind als eigene Bereiche umschrieben, aber durch einen offenen Durchgang verbunden (siehe Grundrisse). Darüber nach Osten liegen Elternschlafzimmer, Ankleide und ein Bad mit eigener Loggia.

Prägendes Element ist eine Stampflehmwand im Treppenhaus. Sie bildet im Obergeschoss gleichzeitig die Balustrade zum Flur, weshalb die keilförmigen Öffnungen nicht breiter als 12 cm sein durften.

Dachgeschoss M 1:250

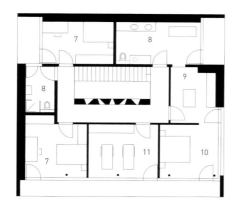

Lageplan

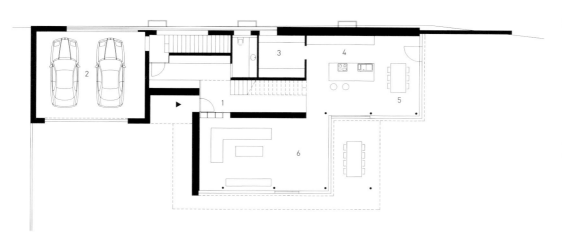

Erdgeschoss M 1:250

1 Zugang
2 Garage
3 Lager
4 Kochen
5 Essen
6 Wohnen
7 Kind
8 Bad
9 Ankleide
10 Eltern
11 Wellness

Schnitt M 1:250

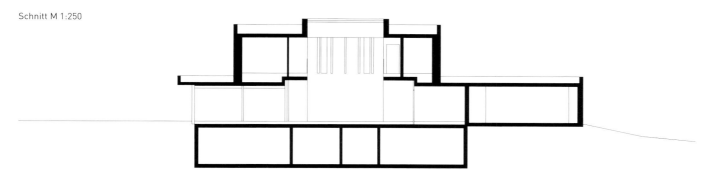

Gerhard Aicher, A-Lustenau

„Das Projekt sollte in seiner Nutzung variabel und flexibel sein: Nur Wohnen und/oder Arbeiten, innerhalb einer oder mehrerer unterschiedlicher Nutzergemeinschaften."

Gebäudedaten

Grundstücksgröße: 1.670 m²

Wohnfläche: 235 m²

Zusätzliche Nutzfläche: 125 m²

Anzahl der Bewohner: 3

Bauweise: massiv

Heizlast: 10,2 kW

Fertigstellung: 2010

WOHNHAUS MIT ARBEITSPLATZ IN GRAZ

FEYFERLIK FRITZER

Das Grundstück fällt steil nach Südwesten ab. Es wurde im Rahmen eines Flächenausgleichs zwischen Grünland und Bauland zur Bebauung freigegeben. Die Belegung des Hauses sollte variabel sein, entweder ausschließlich dem Wohnen dienen oder Wohnen mit Büroflächen verbinden, und zwar für einen oder mehrere Nutzer. Es kann mit wenigen Eingriffen für vier verschiedene Parteien umgerüstet werden, wobei alle eigene Zugangs- und Freibereiche erhalten. Nur das Schwimmbad im Garten wird nicht einem einzigen Nutzer überlassen.

Das Hanggrundstück sollte in seiner vorhandenen Topografie unberührt bleiben. Deshalb sind Frei- und Stellflächen in den Baukörper integriert und nicht als Terrassierungen ins Gelände geschnitten.

Die Erschließung liegt auf der mittleren offenen Ebene. Sie übernimmt gleichzeitig eine neutrale Kommunikations- und Verteilerfunktion für die verschiedenen möglichen Funktionsbereiche. Unter dem aufgeständerten Obergeschoss parken die Fahrzeuge, zur anderen Seite gibt es eine Kinderspielfläche, zur Talseite ein opulentes Terrassendeck. Dieses Luftgeschoss trennt zwei Baukörper voneinander; jeder ist für sich neben der Treppe noch ein weiteres Mal teilbar.

Nach unten führen die Stufen in ein auskragendes Wohngeschoss. Zur besseren Aussicht ist der Wohnbereich als schmal zulaufende Kanzel gegenüber Küche und Essplatz um zwei Stufen abgesenkt. In der Mitte des offenen Großraums erreicht man ebenerdig das Gartenniveau. Im rückwärtigen Hangbereich liegen Wellnesseinrichtungen und gegenwärtig ein großes Büro. Die Freiflächen davor schauen nach Süden.

Wie eine Collage aus Baukörpern und Plattformen stapelt sich das Haus über dem Hang. Der Wiesengrund blieb fast unverändert. Durch die freie Gestaltung und das unedle Baumaterial wirkt das Haus, als ließe es sich improvisieren und verändern.

Das Obergeschoss überragt die anderen Geschosse als Querriegel parallel zur Straße. Hier ziehen sich Eltern und Kinder in ihre eigenen Schlafräume zurück. Ein breiter, über das Dach belichteter Spielflur, ein Gästezimmer und eine Loggia ergänzen das Raumangebot.

Der in den Hang betonierte Kern dient als Rückgrat und Widerlager für die auf wenigen Stützen balancierende, als Stahlkonstruktion ausgeführte Auskragung. Sie wird durch eine Beton-Trapezblech-Verbunddecke ausgesteift. Die Fassade ist mit einer schwarzen Textil-Folie bespannt. Das Obergeschoss steht auf drei stützenden Beton-scheiben. Es ist bis auf Brüstungshöhe als offene statische Wanne ausgebildet, darüber steht eine leichte Hülle als Stahl- und Holz-konstruktion.

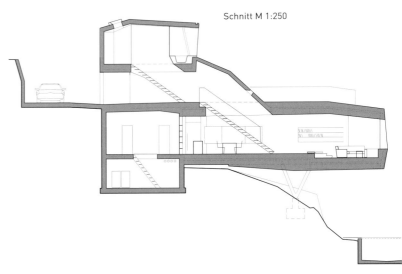

Schnitt M 1:250

Das Erschließungsgeschoss mit sei-ner großen Terrasse trennt Wohn- und Schlafebene.

Der Wohnraum kragt als Kanzel in die Tallandschaft, vom dahinterlie-genden Essplatz erreicht man eine weitere Terrasse (rechts).

Susanne Fritzer, Wolfgang Feyferlik, A-Graz

„Ein Einfamilienhaus als Mehrfamilienhaus oder als Haus des klassischen Selbständigen – Wohnen und Arbeiten in einem und doch getrennt."

Obergeschoss M 1:250

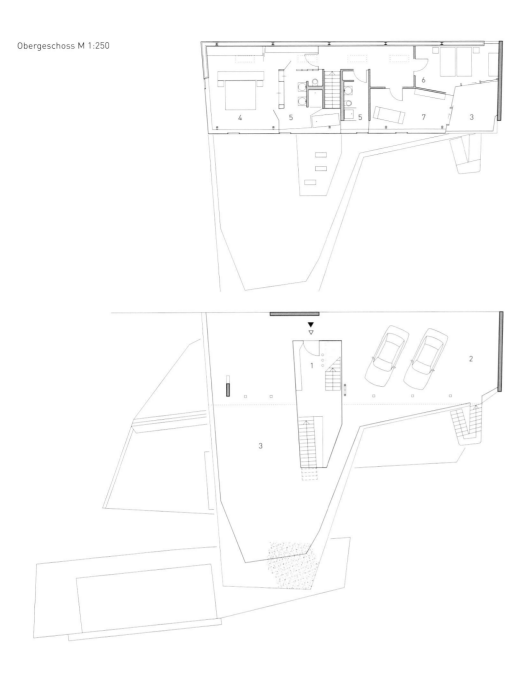

Gebäudedaten

Grundstücksgröße: 2.100 m²

Wohnfläche: 220 m²

Zusätzliche Nutzfläche: 80 m²

Anzahl der Bewohner: 2

Bauweise: Massiv / Holz / Stahl

Heizwärmebedarf: 45 kWh/m²a

Baukosten: 900.000 Euro

Baukosten je m² Wohn-
und Nutzfläche: 2.500 Euro

Fertigstellung: 2009

Erdgeschoss M 1:250

1 Zugang
2 Garage
3 Terrasse
4 Schlafen
5 Bad
6 Kind
7 Gäste
8 Wellness
9 Arbeiten
10 Kochen / Essen
11 Wohnen
12 Pool

Untergeschoss M 1:250

Lageplan

WOHNHAUS IN AARAU

SCHNEIDER & SCHNEIDER ARCHITEKTEN

Bei diesem Haus ist einiges ungewohnt: Es ist außen mit Holz verkleidet und zeigt innen an Wänden und Decken den Konstruktionsbeton mit seiner Schalungsstruktur.

Es steht auf einer kleinen Restparzelle und nützt die maximal zulässige Fläche aus. In dem maßvollen Baukörper, dessen Konturen dem Grundstückszuschnitt folgen, führt eine Treppe um einen Kern mit den Nassräumen nach oben, sie verbindet die um ein halbes Geschoss versetzten Ebenen.

Man betritt das im Grundriss trapezförmige Gehäuse an einer Ecke im Erdgeschoss. Hier erreicht man zunächst Büro und Gästezimmer, eine halbe Treppe höher hinter dem hölzernen Wandschirm der Ankleide den Schlafraum. Nach Süden, wohin sich der breite Teil des Baukörpers wendet, folgen eine Staffel weiter ein hoher Wohnraum mit Kamin und Bibliothek. Mit Küche und Essplatz auf der nächsten

Ebene ist der Rundlauf aber noch nicht zu Ende, denn als Letztes erwartet einen eine Dachterrasse, die als Freisitz die schmale Gartenfläche ergänzt.

Dem Wohnraum mit seinem übergroßen Panoramafenster, aus dem man in den Wald gegenüber sehen kann, kommt in der Raumfolge eine hierarchische Bedeutung zu, er steht im spannungsvollen Kontrast zu den übrigen Flächen.

Die Straßenfront im Osten wird von einem übergroßen Wohnraumfenster dominiert. Der Eingang liegt unauffällig an der linken Hausflanke. Von der Rückseite, zu der sich nur das schmale Fensterband des Schlafzimmers öffnet, sieht man das Haus wie einen erratischen Block.

Raumhohe Mahagoni-Schiebewände trennen Arbeits- und Gästezimmer. Links führt die Treppe in das Untergeschoss.

Möbelklassiker finden in der ungeschminkten Architektur den passenden Hintergrund.

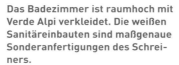

Das Badezimmer ist raumhoch mit Verde Alpi verkleidet. Die weißen Sanitäreinbauten sind maßgenaue Sonderanfertigungen des Schreiners.

Im Gegensatz zu den rauen Wänden ist die Oberfläche des Bodens fein angeschliffen, die warm-roten, präzise eingefügten Mahagoni-Einbauten heben sich ebenfalls davon ab. Die senkrechten Holzlatten der Fassade sind schwarz lackiert und spiegeln je nach Sonnenstand die Farben der Umgebung und die Schatten der Bäume. Dadurch wirkt die dunkle Fassade edel und lebendig. In den großformatigen Fenstern wird der Wald reflektiert und erscheint auf den Scheiben wie ein Bild im Passepartout der Holzfassade.

Beat Schneider und Thomas Schneider, CH-Aarau

„Die unterschiedliche Ausbildung der Raumhöhen und -zuschnitte klärt nahezu beiläufig die Hierarchie innerhalb des offenen Raumplans. So lässt sich der fertige Grundriss weniger von den üblichen Raumkonventionen leiten, sondern vertraut auf seine eigene, ihm innewohnende Logik."

Gebäudedaten

Grundstücksgröße: 550 m²

Wohnfläche: 170 m²

Zusätzliche Nutzfläche: 60 m²

Anzahl der Bewohner: 2

Bauweise: massiv

Fertigstellung: 2011

Lageplan

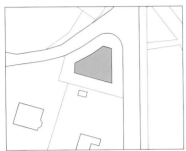

Der Rohbau der skulpturalen Architektur mit ihren sorgfältig und unterschiedlich behandelten Oberflächen ist bereits der Innenausbau. Kaminecke vor der Treppe zur Küche.

Dachgeschoss M 1:250

Schnitt M 1:250

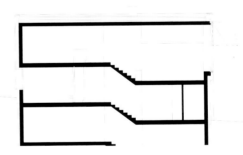

Obergeschoss M 1:250

Erdgeschoss M 1:250

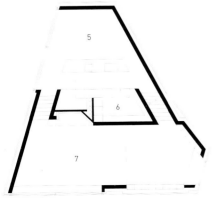

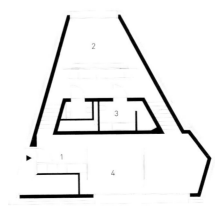

1 Zugang
2 Schlafen
3 Bad
4 Arbeiten / Gäste
5 Kochen / Essen
6 Speise- / Abstellkammer
7 Wohnen / Bibliothek
8 Terrasse

EINFAMILIENHAUS IN UTTIKON

MEIER ARCHITEKTEN

Das Haus bietet eine großartige Aussicht auf das Schweizer Alpenpanorama. Eine klare kubische Formensprache aus weißen, großflächig geschlossenen oder raumhoch verglasten Flächen bestimmt den architektonischen Charakter des Hauses.

Es wird auf der oberen Ebene erschlossen, eine Rampe und eine Treppe führen unter den überdachten Eingang. Auch von der Garage und von der Gartenseite über die Vorratskammer gibt es einen Zugang. Dieses Wohngeschoss wird ganz vom aussichtsreichen Bezug zur Landschaft bestimmt. Von Küche und Essplatz aus kann man das um eine Stufe abgesenkte Kaminzimmer überblicken, das Drama des Ausblicks wird architektonisch noch überhöht durch den hier auskragenden, erkerartig verglasten Baukörper. Ein Familienspielzimmer lässt sich durch eine Schiebewand vom offenen Raumfluss abtrennen. Als gemeinsamer Bodenbelag verbindet Parkett aus geräucherter Eiche die fließenden Flächen. Die vorgelagerte, holzbelegte Terrasse wird zur Hälfte von einem weit ausladenden Flachdach geschützt.

Im Erdgeschoss darunter haben die verschiedenen Schlafzimmer für Eltern, Kinder, Au-pair oder Gäste eine direkte Anbindung zum Garten bzw. einen separaten Zugang. Der Elternbereich verfügt über ein großzügiges Bad und einen Garderobenraum, die umlaufend miteinander verbunden sind. Zwei Stufen tiefer schließt ein offener Medienbereich an, damit ist das Fernsehen etwas aus dem eigentlichen Wohnbereich verbannt. In die Tiefe des Hangs schieben sich die Nassräume und Kellerabteile.

Das Haus ist massiv gebaut, der weiße glatte Putz gehört zum Wärmedämmverbundsystem.

Alle Zimmer mit Aussicht. Die Fassade aus offenen und geschlossenen Flächen fügt sich zu einer harmonischen Kubatur.

Die raumhohen Scheiben mit den schlanken Profilen holen die Landschaft bis an die Sesselkante.

Das um eine Stufe tiefer liegende Wohnzimmer erlaubt auch von Küche und Essplatz aus eine gute Aussicht.

Die Terrasse ist die Attraktion der oberen Wohnebene, dank Überdachung auch bei mäßiger Witterung ein einladender Sitzplatz.

Obergeschoss M 1:250

Gebäudedaten

Grundstücksgröße: 955 m²

Wohnfläche: 264 m²

Zusätzliche Nutzfläche: 67 m²

Anzahl der Bewohner: 4

Bauweise: massiv

Fertigstellung: 2011

Lageplan

Erdgeschoss M 1:250

1 Zugang
2 Hauswirtschaftsraum
3 Kochen
4 Essen
5 Wohnen
6 Terrasse
7 Arbeiten
8 Garage
9 Bad
10 Technik
11 Gäste
12 Kind
13 TV-Zimmer
14 Schlafen
15 Ankleide
16 Hauswirtschaftsraum

Schnitt M 1:250

Egon Meier, CH-Zürich

„Das Objekt besticht nicht in seiner Üppigkeit, sondern durch die Kunst des Weglassens. Die Architektur ist unaufdringlich aber einzigartig. Sie lebt von den Kontrasten und der Klarheit. Ich versuchte, dem Alltäglichen das Besondere zu entlocken."

TURMHAUS BEI IMST

MADRITSCH PFURTSCHELLER

Ein Haus, das metaphorisch auf seine Umgebung und Geschichte reagiert. Das Grundstück liegt in einem Neubaugebiet oberhalb der Kleinstadt Imst in Tirol. Sein felsiger Untergrund war mit einem kargen Föhrenwald bewachsen, der im Zuge der Erschließung leider restlos abgeholzt wurde. Als Reaktion darauf haben die Architekten für den Zweitwohnsitz ihrer fünfköpfigen Bauherrenfamilie einen kleinen Holzturm entworfen, der in seiner Anmutung und Gestaltung an die Charakteristik der ehemaligen Waldumgebung erinnern soll: Einmal ist es das Material Holz, aus dem ein schmales, baumhohes Gehäuse gezimmert wurde, es wächst einfach, roh und karg aus dem Boden, ohne das Grundstück gravierend zu verändern. Die meisten Fenster sind Fix-Verglasungen mit kleinen Öffnungsflügeln, die Wandkonstruktion besteht aus gedämmten Brettsperrholztafeln.

Der Zugang liegt im Untergeschoss, einer Teilunterkellerung, die auch die Technik aufnimmt. Hier sorgt eine Fußbodenheizung für angenehme Temperaturen. Darüber stapeln sich drei identische Geschosse, Holzräume, gleichzeitig verbunden und getrennt durch den geschlossenen Holzzylinder einer Wendeltreppe.

Die Grundrisse kann man als Versuchsanordnung lesen, an der exemplarisch erkennbar ist, was sich durch die Variation von Belichtung, Aussicht, Möblierung, durch andere Erschließung, Raumhöhen und -abschlüsse verändert.

Die Sanitärausstattung und die gesamte Möblierung sind offen eingestellt und den unterschiedlichen Bereichen direkt zugeordnet. Als Raumteiler sind durchscheinende Vorhänge an Deckenschienen vorgesehen. Geheizt wird mit einem zweigeschossigen Kachelofen, wobei der „Kamin" der Treppe zusätzlich das Dachzimmer der Eltern versorgt.

Erschlossen wird das Holzhaus im betonierten Untergeschoss, über das eine Terrasse wie eine Aussichtsplattform ragt.

Der Wohnraum als schlichtes, ganz mit Holz ausgeschlagenes Gehäuse ist verbunden mit Essplatz und Küche.

Eine geschlossene Treppenwendel verbindet die ansonsten offenen Wohnebenen.

Die Kinder teilen sich ein Zimmer, das sich mit einem Vorhang abtrennen lässt.

Was als Föhrenwald abgeholzt wurde, bringt das karge hölzerne Bauwerk sozusagen in Architekturform zurück.

Das Erdgeschoss wird durch eine große Holzterrasse, eigentlich eher eine Aussichtsplattform, nach außen erweitert. Der rigorose Ansatz führte zu überschaubaren Kosten, zu ökonomischen, atmosphärisch dichten Räumen, ausgeführt mit einfachen Details – im Ergebnis eine pures, poetisches Bauwerk, das diesen Ort neu bestimmt.

Dachgeschoss M 1:200

Obergeschoss M 1:200

Erdgeschoss M 1:200

1 Zugang
2 Kochen
3 Wohnen
4 Essen
5 Kind
6 Bad
7 Eltern

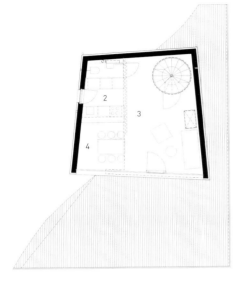

Untergeschoss M 1:200

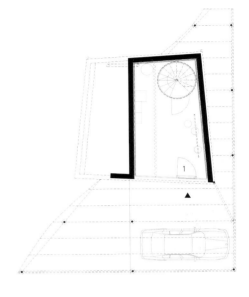

Gebäudedaten

Grundstücksgröße: 560 m²

Wohnfläche: 100 m²

Anzahl der Bewohner: 5

Bauweise: Holzbau, Keller: Beton

Heizwärmebedarf: 40 kWh/m²a

Baukosten je m² Wohn-
und Nutzfläche: 1.700 Euro

Fertigstellung: 2011

Lageplan

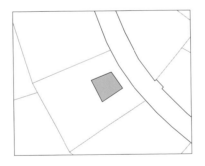

Schnitt M 1:200

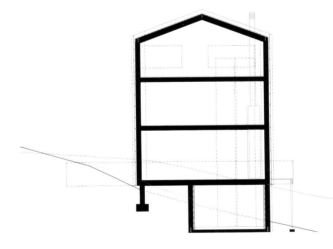

Reinhard Madritsch, Robert Pfurtscheller, A-Innsbruck

„Ziel waren geringe Kosten, atmosphärisch dichte Räume, einfache
und einfach ausführbare Details und eine pure und poetische Anmutung des Bauwerks an diesem Ort."

WOHNHAUS IN BREGENZ

MARTE.MARTE ARCHITEKTEN

Am Fuß des Pfänderhangs in Bregenz, oberhalb der Herz-Jesu-Kirche, hat sich, vornehmlich in der ersten Hälfte des 20. Jahrhunderts, eine gutbürgerliche Bebauung mit Wohnhäusern ausgebreitet. An deren punktförmige, villenartige Gebäude schließt dieses Haus formal an. Es zeigt sich jedoch bis zu der dem See zugewandten Westseite allseits mit identischen Fassaden.

Auf das steile Gefälle des Grundstücks reagiert das viergeschossige Bauwerk, indem es rückwärtig mit zwei Stockwerken in den Hang schneidet, zur Seeseite ragt es mit drei freien Geschossen über das Terrain. Mit dem Fahrzeug erreicht man das Haus über die unter dem Straßenniveau liegende Einfahrt. Von hier kann man einen Lift zu den oberen Geschossen nehmen. Zu Fuß steigt man auf der Nordseite eine Außentreppe hoch und kommt auf der Eingangsebene an.

Die könnte einmal zu einer Einliegerwohnung umgewidmet werden, um im Alter auch anderen Lebens- und Versorgungsmodellen zu folgen. Gegenwärtig sind hier Arbeitsplätze mit Seeblick und ein großzügiger Wellnessbereich mit Sauna eingerichtet.

Über einen zentralen Treppenturm neben dem Aufzug gelangt man zuerst ins Schlafgeschoss, das die Eltern samt Ankleide und Bad zur Straßenseite belegen, während Kinder und Gäste sich die übrigen Seiten teilen. Die Ebene darüber öffnet sich als Großraum für Kochen, Essen, Musizieren – Wohnen. Dieser überhöhte Raum ist rundum verglast und bietet eine atemberaubende 360°-Aussicht.

Das neue Haus orientiert sich als stattlicher, frei stehender Solitär an den älteren Bürgerhäusern der Nachbarschaft. Das Foto rechts erklärt die Einbettung in den Hang. Eine Außentreppe führt ins Erdgeschoss, eine Einfahrt in die Tiefgarage; vom Balkon erreicht man das obere Terrain.

Alle Wohnfunktionen verteilen sich
in einem einzigen großen Raum,
die Aussicht läuft wie ein Film die
Fassade entlang.

Nur schlanke Stützen tragen die Dachlasten ab. Von einer auskragenden Krempe überdeckt säumt ein Balkonsteg die Fassaden, von hier findet eine Brücke Anschluss zum Gelände.

Aus dieser beherrschenden Position erlebt man See- und Himmelsstimmung, die Stadt liegt zu Füßen, und der Berg ist zum Greifen nah. Die Auskragungen bedeuten ein Moment des Schutzes. Wenn die Transparenz zu viel wird, lassen sich die umlaufenden Vorhänge schließen und sorgen für absolute Privatheit.

Die wie eine Vitrine von allen Seiten aus- und einsehbare Wohnebene lässt sich bei Nacht mit umlaufenden Vorhängen verschließen.

Die größere Höhe und der Holzboden kommen der Akustik zugute.

Zur Lage: die Stadt zu Füßen, den See in der Ferne, den Berg im Rücken – ein Villengrundstück.

Die oberen zwei Geschosse sind rundum verglast; ein Steg verbindet den von einer Krempe behüteten Balkon mit dem Wiesengrundstück.

Gebäudedaten

Grundstücksgröße: 840,5 m²

Wohnfläche: 310 m²

Zusätzliche Nutzfläche: 150 m²

Anzahl der Bewohner: 3

Bauweise: Sichtbeton mit innenliegender Dämmung

Primärenergiebedarf: 43 kWh/m²a

Fertigstellung: 2010

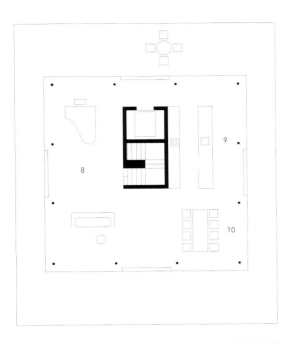

Obergeschoss M 1:200

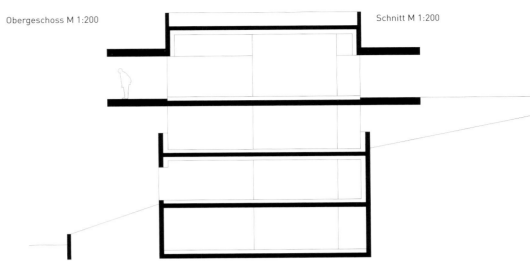

Schnitt M 1:200

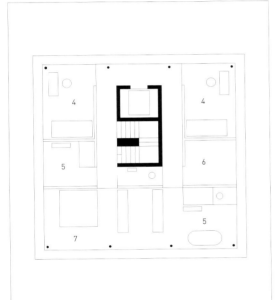

Erdgeschoss M 1:200

1 Zugang / Garderobe
2 Sauna
3 Multifunktionsraum
4 Kind
5 Bad
6 Hauswirtschaftsraum
7 Eltern
8 Wohnen
9 Kochen
10 Essen

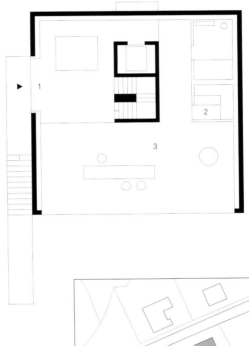

Untergeschoss M 1:200

Lageplan

Stefan Marte, Bernhard Marte, A-Weiler

„Der Schatten wird zum Grundton, er steht in unauflöslicher Verbindung mit unserer Konzeption."

ATRIENHAUS IN HAMBURG

LA'KET ARCHITEKTEN

Die Umgebung wird geprägt von einer mit der Zeit gewachsenen heterogenen Bebauung. Dazwischen findet der neue eingeschossige Baukörper Platz, sein helles Ziegelmaterial bezieht sich auf den vorherrschenden Kontext. Durch seine niedrige Höhe und die feine Bodenfuge steht das großzügige Gebäude zurückhaltend und elegant über der Rasenfläche.

Die Verbindungen zum Außenraum reagieren sensibel auf die unterschiedlichen Gegebenheiten. Zu den Teichwiesen liegen große Öffnungen und stellen die Nähe zur Landschaft her, noch gesteigert durch eine hofartige Einstülpung in die Fassade. Verglaste Atrien bilden vertikale Beziehungen zum Außenraum und lassen die Natur mit Licht, Luft und Laub fast in den Wohnraum dringen. Ost- und West-fassaden bleiben in der hinteren Gartenzone geschlossen, um die Privatsphäre abzuschirmen; zum Eingang an der Südseite öffnet sich die Fassade wieder mehr, hier stehen geschosshohe Holzstelen als Sonnen- und Sichtschutz.

Die innere Organisation wird durch die präzise, wegeführende Setzung der eingestellten Kabinette für Bäder, Abstellräume und Schränke bestimmt. Sie definieren als „private" Einheiten die fließende „öffentliche" Fläche. Das räumliche Kontinuum bleibt zwar spürbar, lässt aber durch Nischen oder Tiefen für alle unterschiedlichen Funktionen charakteristische Atmosphären entstehen.

Der tief eingeschnittene Eingang führt im Sichtfeld des Arbeitszimmers ins Haus.

Die Fassade lebt vom Kontrast zwischen der homogenen Masse der Ziegel – was durch die tiefen Laibungen und die großen geschlossenen Flächen betont wird – und der Leichtigkeit, die die Bodenfuge und die feinen horizontalen Randabschlüsse vermitteln. Die Backsteinfassaden sind als zweischaliges Mauerwerk ausgeführt, die transparenten Flächen als möglichst filigrane, weitgehend dreifache Festverglasung. Die Dachfläche ist begrünt. Zur Heizung dienen eine Wärmepumpe und Erdsonden.

Die eingestellten Kabinette, begleitet von raumhohen Flügeltüren und lichtspendenden Atrien, bieten vielfältige Wege; in den fließenden Räumen entsteht keine orientierungslose Offenheit.

Das Arbeitszimmer signalisiert durch die jeweilige Türöffnung, wie weit man ungestört bleiben oder mehr oder weniger am Leben im Haus teilhaben möchte.

Eine höfchenartige Einstülpung an der Nordfassade bringt Licht und Transparenz ins Haus.

Die Innenarchitektur ordnet alle Funktionen wie selbstverständlich. Hier: der Fernsehplatz vor dem Arbeitszimmer.

Der behutsam über dem Rasenboden platzierte flache Baukörper sieht auf den ersten Blick nicht nach Wohnhaus aus.

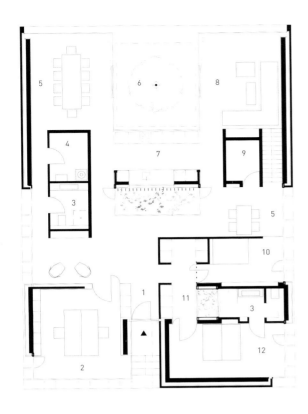

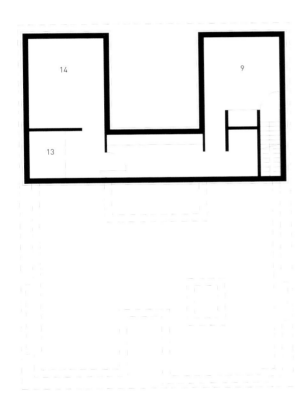

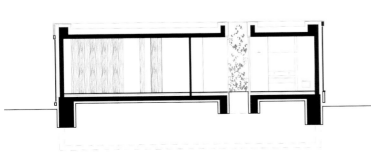

Schnitt M 1:200

Erdgeschoss M 1:200 ⊗

1 Zugang
2 Arbeiten
3 Bad
4 Hauswirtschaftsraum
5 Essen
6 Patio
7 Kochen
8 Wohnen
9 Lager
10 Gäste
11 Ankleide
12 Schlafen
13 Sauna
14 Fitnes

Untergeschoss M 1:200

Lageplan

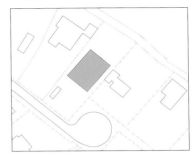

Gebäudedaten

Grundstücksgröße: 1.179 m²

Wohnfläche: 203 m²

Zusätzliche Nutzfläche: 80 m²

Anzahl der Bewohner: 2

Bauweise: massiv

Heizwärmebedarf: 54,19 kWh/m²a

Primärenergiebedarf: 45,7 kWh/m²a

Baukosten: 850.000 Euro

Baukosten je m² Wohn-
und Nutzfläche: 3.000 Euro

Fertigstellung: 2011

David Lagemann, Tim Kettler, D-Hamburg

„Das Gebäude ist wie ein Flipperkasten. Vollgespickt mit Anziehungs-
punkten und Widerständen bietet die Struktur vielfältige Möglichkeiten der Wegeführung und Wahrnehmung."

Architekten und Bildnachweis

2b architectes
stratégies urbaines concrètes
Stephanie Bender, Philippe Béboux
Architectes EPFI FAS
Mitarbeit: T. Borges, G. Warnking,
C. Jung, M. Baumeister, G. Asami Li-
li, F. Ben-Amor, J. Blanc, A. Clement,
P. Gabrielli, S. Grimm, E. Quaresina
22 a, Av. De Beaumont
CH-1012 Lausanne
www.2barchitectes.ch
Fotos S. 14, 27-30: Roger Frei, Zürich

Aicher Architekten
Mag. Arch. Gerhard Aicher
Mitarbeit: DI (FH) Sven Ake Schlegel
Millennium Park 4
A-6890 Lustenau
www.aicher-architekten.at
Fotos S. 239-240: NAM Norman A.
Müller, Ingolstadt

Robert Albertin
Architekt SIA/FH/SWB/Reg A
Mitarbeit: Eveline Jenny,
Franziska Furger, Monika Albertin
Alpweg 14
CH-7000 Chur/Haldenstein
www.albertin-architektur.ch
Fotos S. 233-236: Ralf Feiner, Malans

Bachmann Badie Architekten
Andrea Bachmann, Roosbeh Badie
Agrippinawerft 6
50678 Köln
www.bachmannbadie.de
Fotos S. 225-226: Thomas Riehle,
Bergisch-Gladbach

Architekt DI Bernardo Bader
Mitarbeit: DI Sven Matt,
DI Thomas Getzner, Dietmar Fetz
Steinebach 11
A-6850 Dornbirn
www.bernardobader.com
Fotos S. 113-114: Adolf Bereuter,
Dornbirn
Portrait S. 115: Darko Todorovic

Bergmeisterwolf Architekten
Michaela Wolf Arch.
Gerd Bergmeister Arch.
Mitarbeit: Roland Decarli
Brunogasse 3
I-39042 Brixen
www.bergmeisterwolf.it
Fotos S. 161, 162 unten, 163-164:
Günter Richard Wett, Innsbruck
Foto S. 162 oben:Mads Mogensen,
Neviglie
Portraits S. 165: Jürgen Eheim

Titus Bernhard Architekten
Entwurf: Titus Bernhard,
Ulrich Himmel
Gögginger Straße 105 a
86199 Augsburg
www.titusbernhardarchitekten.com
Fotos S. 127-130: Jens Weber & Orla
Conolly, München

Berschneider & Berschneider
Architekten BDA
+ Innenarchitekten BDIA
Johannes Berschneider,
Gudrun Berschneider
Hauptstraße 12
92367 Pilsach bei Neumarkt i. d. OPf.
www.berschneider.com
Fotos: Erich Spahn, Regensburg

Biehler Weith Associated
Building Design Projects
Christoph Biehler, Ralf Heinz Weith,
Markus Doleschal
Rheingasse 16
78462 Konstanz
www.biehler-weith.de
Fotos S. 143-146: Brigida Gonzales,
Stuttgart

Heike Böttcher Architekturbüro BDA
Kiefernstraße 3
01097 Dresden
www.heike-boettcher-architektur.de
Fotos S. 123-124: Henry Brömme-
Hermann

Katrin und Otto Brugger
Obergantschierweg 31
A-6781 Bartholomäberg
Fotos S. 33-36: Christian Schaulin,
Hamburg

btob architects
Henning König, Alexander Thomass
Schlesische Straße 12,
Etage SW30
10997 Berlin
und Spitalstraße 8
CH-4056 Basel
www.btob-architects.com
Fotos S. 117-120: Roger Frei, Zürich

bünck architektur
Dipl.-Ing. Carsten Bünck
Mathildenstraße 3 a
50259 Pulheim
www.buenck-architektur.de
Fotos S. 137-140: Carsten Bünck,
Pulheim

Conradin Clavuot
Architekt ETH SWB
Mitarbeit: Tobias Zeller
Gäuggelistraße 49
CH-7000 Chur
www.clavuot.ch
Fotos S. 191-192: Yuta Shin, Chur,
Büro Clavuot

Denzer & Poensgen
Andrea Denzer,
Prof. Georg A. Poensgen
Zum Rott 13
53947 Nettersheim-Marmagen
www.denzer-poensgen.de
Fotos S. 45-48: Rainer Mader,
Schleiden

e2a eckert eckert architekten ag
dipl. arch. eth. bsa. sia
Hardturmstraße 76
CH-8005 Zürich
www.e2a.ch
Fotos S. 52 oben, 53-54: Radek
Brunecky, Zürich
Fotos S. 51, 52 unten:Dominique
Marc Wehrli, Regensdorf

Architekturbüro Fachwerk4
Andreas M. Schwickert
Architekt BDA
Nikolausstraße 4
56422 Wirges
www.fachwerk4.de
Fotos S. 230 unten: Christian
Schaulin, Hamburg
Fotos S. 229, 230 unten: Christian
Eblenkamp, Rietberg

Jo. Franzke Architekten
Ludwigstraße 2–4
60329 Frankfurt am Main
www.jofranzke.de
Fotos S. 73-76: Christian Richters,
Münster

Feyferlik Fritzer
Wolfgang Feyferlik, Susanne Fritzer
Glacisstraße 7
A-8010 Graz
Fotos S. 243-244: Paul Ott, Graz

Jürgen Haller und
Dr. Arch. Peter Plattner
Tempel 72
A-6881 Mellau
Fotos S. 185-188: Albrecht Schnabel

Heeckt + Maurer Architekten BDA
Dipl.-Ing. arch. Thomas Maurer,
Dipl.-Ing. arch. Christina Heeckt
Ruhrstraße 11
22761 Hamburg
www.heeckt-maurer.de
Fotos S. 149-150: Christiane Koch,
Hamburg

JL Architekten
Jörg Liebmann
Bundesallee 89
12161 Berlin
www.liebmann-architekt.de
Fotos S. 205-207: Andrew Alberts,
Berlin

k_m architektur
Arch. Dipl.-Ing. Daniel Sauter,
Markus Willmann
Glockengieße 2
A–6900 Bregenz
www.k-m-architektur.com
Fotos S. 83-86, S. 133-134:
Daniel Sauter, Bregenz

Käferstein & Meister
Johannes Käferstein
Prof. Dipl. Architekt ETH BSA SIA
Urs Meister Prof. Dipl. Architekt
ETH BSA SIA
Mitarbeit: J. Käferstein, U. Meister,
N. Zambelli, U. Blaas, M. Sauer,
V. Giesinger, P. Schrepfer, N. Cattaneo
Limmatstraße 275
CH–8005 Zürich
www.kaefersteinmeister.ch
Fotos S. 107-110: Goswin Schwen-
dinger, London

L3P Architekten ETH FH SIA, AG
Boris Egli, Martin Reusser
Unterburg 33
CH-8158 Regensberg
www.l3p.ch
Fotos S. 39-42: Vito Stallone, Baar

La´ket Architekten GmbH
David Lagemann, Tim Kettler
Arnoldstraße 16
22765 Hamburg
www.laket.net
Volksvilla
Fotos S. 265-268: Ralf Buscher,
Hamburg
Atrienhaus
Mitarbeit: Ben Joscha Grope
Fotos S. 221-222: Meike Hansen
Archimage, Hamburg

Ulrich Langensteiner Architekten
Mitarbeit: Ole Drescher
Vordersteig 58
76275 Ettlingen
www.ulrichlangensteiner.de
Fotos S. 89-91: Ulrich Langensteiner

**LOVE architecture and urbanism
ZT GmbH**
Bernhard Schönherr,
Mark Jenewein, Herwig Kleinhapl
Hans-Sachs-Gasse 8/2 A
A–8010 Graz
www.love-home.com
Fotos S. 89-91: Jasmin Schuller, Graz

LP Architektur ZT GmbH
Architekt Tom Lechner
Entwurf: Christopher Grabow
Projektleitung: Ing. Fritz Schemmer
Hauptstraße 46
A-5541 Altenmarkt / PG.
www.lparchitektur.at
Fotos S. 67-70: Angelo Kaunat,
Wals-Siezenheim

Architekten Luger & Maul ZT GmbH
Maximilian Luger, Franz Maul
Bauernstraße 8
A-4600 Wels
www.luger-maul.syreta.com
Fotos S. 57-58: Edith Maul-Röder,
Wels

Madritsch Pfurtscheller
Arch. DI Reinhard Madritsch,
Arch. DI Robert Pfurtscheller
Anton-Rauch-Straße 18*5 (Mühlau)
A-6020 Innsbruck
www.madritschpfurtscheller.at
Fotos S. 173-174, S. 255-256:
Wolfgang Retter, Lienz

Daniele Marques
Univ. Prof. Dipl. Architekt ETH
SIA BSA, Rainer Schlumpf, Dipl. Arch.
Rankhofstraße 3
CH-6006 Luzern
www.marques.ch
Terrassenhäuser Luzern
Fotos S. 16-17, S. 19-24:
EFH in Küssnacht
Fotos S. 180-182: Ruedi Walti, Basel

Marte.Marte Architekten ZT GmbH
DI Bernhard Marte, DI Stefan Marte
Totengasse 18
A-6833 Weiler
www.marte-marte.com
Schutzhütte
Fotos S. 61-64: Marc Lins, Brooklyn
(NY);
Wohnhaus in Bregenz
Fotos S. 259-262: Marte.Marte Archi-
tekten
Porträts S. 65, 263: Lichtforum Dorn-
birn, Markus Deutschmann

Meier Architekten
Egon Meier, Daniel Bonetti
Albisriederstraße 80
CH-8003 Zürich
www.meier-architekten.ch
Pavillon am Zürichsee
Fotos S. 153-154: Hannes Henz,
Zürich
Einfamilienhaus in Uttikon
Fotos S. 251-252: Claude Plattner,
Zürich

roedig schop architekten GbR
Christoph Roedig, Ulrich Schop
Mitarbeit: Johannes Krohne,
Susen Ritter, Laetitia Michel
Brunnenstraße 188
10119 Berlin
www.roedig-schop.de
Fotos S. 95-96: Gianni Plescia, Berlin

Architekturbüro Scheder
Prof. Peter Scheder,
Jonathan Scheder
Am Hirtenacker 2
67705 Stelzenberg
Fotos S. 103-105: Jonathan Scheder,
Kassel

Schindhelm Moser Architekten
Andreas Schindhelm, Jörg Moser
Birkenleiten 41
81543 München
www.schindhelmmoser-
architekten.com
Fotos S. 201-202: Moritz Partenheimer,
München

Schlude Architekten GBR
Dipl.-Ing. Martina Schlude
Kleine Falterstraße 22
70597 Stuttgart
www.schlude-architekten.de
Fotos S. 99-100: Zooey Braun, Stuttgart

Schneider Architekten BDA
Dipl. Ing. Dieter Schneider,
Dipl. Ing. FH Sabine Schneider
Hutneck 2
78112 St. Georgen
www.schneider-architekturbuero.com
Fotos S. 177-178: Thomas Riedel,
Karlsruhe

Schneider & Schneider Architekten
ETH BSA SIA AG
Beat Schneider, Thomas Schneider
mit Tobias Sager, Dipl. Arch. FH
Bahnhofstraße 102
CH-5000 Aarau
www.schneiderschneider.ch
Fotos S. 247-249: Heinrich Helfen-
stein, Zürich

**Werner Sobek Stuttgart
GmbH & Co. KG**
Albstraße 14
70597 Stuttgart
www.wernersobek.com
Porträt S. 171: A.T. Schaefer,
Stuttgart
Fotos S. 167-169: Zooey Braun,
Stuttgart

Steimle Architekten
Thomas Steimle
Marktplatz 5
70173 Stuttgart
www.steimle-architekten.de
Fotos S. 215-217: Bernhard Müller,
journalfoto.de, Reutlingen

Axel Steudel Architekt
Mitarbeit: Martin Frank,
Jan Horstmann, Tobias Coße
Aachener Straße 637
50933 Köln
www.axelsteudel.de
Fotos S. 195-198: Christian Eblen-
kamp, Rietberg

Traut Architekten
Christine Pietsch, Michael Traut
Feldbergstraße 151
35520 Bad Camberg
www.traut-architekten.de
Fotos S. 79-80: Jens Görlich,
Oberursel

Bildnachweis

Impressum

Vorsatz- /Nachsatzpapier und S. 1: Jens Weber & Orla Conolly, München
S. 2/3: Zooey Braun, Stuttgart
S. 4: oben: Christian Schaulin, Hamburg (rechts); Christian Eblenkamp, Rietberg (links); Mitte: Angelo Kaunat, Wals-Siezenheim; unten: Roger Frei, Zürich (links); Rainer Mader, Schleiden (rechts)
S. 6: oben: Angelo Kanaut, Wals-Siezenheim (links); Ralf Buscher, Hamburg (rechts); Mitte: Dominique Marc Wehrli, Regensdorf; unten: Claude Plattner, Zürich (links); Wolfgang Retter, Lienz (rechts)
S. 8: Rosalie von Boch, Kronberg
S.10: Petra und Paul Kahlfeldt Architekten, Berlin; S. 11: Stefan Josef Müller, Berlin; S. 12: David Franck, Ostfildern; S. 13: akg images;
S. 15 Werner Sobek, Stuttgart
Seite 16/17: Ruedi Walti, Basel

Bildnachweis Umschlag:
Titelseite: Ruedi Walti, Basel
Rückseite: Wolfgang Retter, Lienz (links); Christian Ebenkamp, Rietberg (rechts)

Lagepläne: Jens Schiewe, Nürnberg
Alle übrigen abgebildeten Zeichnungen und Pläne sowie die angegebenen Baudaten wurden von den jeweiligen Architekturbüros zur Verfügung gestellt.

© 2012 Verlag Georg D. W. Callwey GmbH & Co. KG
Streitfeldstraße 35, 81673 München
www.callwey.de
E-Mail: buch@callwey.de

Bibliografische Information der Deutschen Nationalbibliothek
Die Deutsche Nationalbibliothek verzeichnet diese Publikation in der Deutschen Nationalbibliografie; detaillierte bibliografische Daten sind im Internet über http://dnb.d-nb.de abrufbar.

ISBN 978-3-7667-1973-7

Projekterläuterungen:
Wolfgang Bachmann
Projektleitung: Bettina Springer
Lektorat: Katrin Pollems-Braunfels
Umschlaggestaltung, Alexander Stix
Layout und Satz: griesbeckdesign, München
Druck und Bindung: Kastner & Callwey Medien GmbH, Forstinning

Printed in Germany 2012